渔业生物信息智能化识别研究

刘必林　欧利国　陈新军　钱卫国　等　著

北　京

内 容 简 介

　　全书共 5 章。第 1 章绪论，重点介绍了计算机视觉技术及其软件和硬件系统，概述了渔业生物学领域的智能化研究和应用的主要内容，以及相关技术；第 2 章渔业生物形态指标自动测量，主要介绍了金枪鱼属鱼类形态指标信息自动测量分析和头足类角质颚形态信息提取与测量；第 3 章渔业生物形态轮廓信息自动提取分析，重点介绍了图像处理与椭圆傅里叶变换分析金枪鱼形态轮廓信息和利用 VGG16 模型的金枪鱼形态轮廓信息自动提取分析；第 4 章渔业生物表型信息研究，介绍了金枪鱼属鱼类表型纹理特征量化分析和头足类角质颚表型色素量化过程；第 5 章渔业生物智能化识别技术，分别介绍了基于 KNN 算法的金枪鱼属鱼类形态指标识别、基于不同机器学习算法的金枪鱼属鱼类形态轮廓特征识别、基于不同核函数的 SVM 算法的金枪鱼属鱼类表型纹理分类、基于 K-means 动态聚类的鸢乌贼角质颚识别和基于动量自适应 BP 神经网络的鸢乌贼识别。本书通过应用计算机视觉技术自动化获取渔业生物信息，并利用智能化识别技术对渔业生物学进行研究与分析，为 AI+ 渔业生物学领域研究提供新思路。尤其是机器学习技术对形态信息进行智能化识别，还实现了 AI 技术对渔业生物表型纹理特征的可行性研究，突破了传统的表型纹理信息的定性分析，构建了基于表型纹理信息量化识别的新机制。

　　本书可供水产学、海洋科学，以及计算机科学领域等教学和科研相关工作者参考使用。

图书在版编目（CIP）数据

渔业生物信息智能化识别研究 / 刘必林等著 . 北京：科学出版社，2024.
11. -- ISBN 978-7-03-079831-2

Ⅰ . F326.4-39

中国国家版本馆 CIP 数据核字第 2024LQ5168 号

责任编辑：朱　瑾　习慧丽 / 责任校对：严　娜
责任印制：赵　博 / 封面设计：无极书装

斜 学 出 版 社 出版
北京东黄城根北街 16 号
邮政编码：100717
http://www.sciencep.com

北京建宏印刷有限公司印刷
科学出版社发行　各地新华书店经销
*
2024 年 11 月第 一 版　开本：787×1092　1/16
2024 年 11 月第一次印刷　印张：10 1/4
字数：243 000
定价：158.00 元
（如有印装质量问题，我社负责调换）

《渔业生物信息智能化识别研究》
撰写人员名单

主要著者　刘必林　欧利国　陈新军　钱卫国
参与著者　贺　琪　邹磊磊

前　　言

近年来，人工智能（AI）技术发展迅猛，其中计算机视觉赋能渔业生物学智能化发展具有重要意义。计算机视觉的相关技术在渔业生物学领域得到了广泛应用，如测量性状指标、计算鱼类数量、年龄与性别鉴定、摄食与群体行为分析，以及鱼类识别研究等。计算机视觉技术有助于深入分析渔业生物信息，同时计算机视觉技术的应用也可对种群资源评估、生态系统监测，以及控制违法捕捞等相关领域起到至关重要的作用。

本书作者团队针对AI+渔业生物学领域应用在生物信息提取机制不成熟、人工智能识别渔业生物技术不完善等方面的关键科学问题，从计算机视觉技术的渔业生物信息提取、渔业生物智能化识别等方面进行研究，在人工智能渔业资源生物学领域取得了较好的实际应用效果。应用计算机视觉技术自动化获取渔业生物形态指标生物信息数据，测量过程具有可重复性和客观性，为其他重要远洋渔获物自动测量研究的开展提供了基础参考。利用机器学习技术对形态信息进行智能化识别，揭示新兴技术在渔业生物学应用的有效性，为AI+渔业生物学领域研究提供新思路。此外，还实现了人工智能技术对渔业生物表型纹理特征的可行性研究，突破了传统的表型纹理信息的定性分析，构建了基于表型纹理信息量化识别的新机制。渔业生物智能化系列研究成果不仅有利于进一步加快提升渔业科技创新能力，还有助于提升我国在海洋生物多样性保护和全球渔业治理等方面的国际话语权。

本书以人工智能渔业资源生物学的实际应用为例，对渔业生物信息进行自动化和智能化研究，得到了国家重点研发计划"蓝色粮仓科技创新"重点专项"大洋渔业资源高品质捕捞智能装备与技术"（2023YFD24000016）、2021～2024年度农业农村部"全球渔业资源调查监测评估专项"、上海市高校特聘教授"东方学者"岗位计划项目（GZ2022011）的资助。本书共分5章，第1章绪论，第2章渔业生物形态指标自动测量，第3章渔业生物形态轮廓信息自动提取分析，第4章渔业生物表型信息研究，第5章渔业生物智能化识别技术。本书由上海海洋大学海洋生物资源与管理学院刘必林教授和其学生欧利国博士进行统稿和审定，撰写过程中得到了陈新军教授、钱卫国教授、贺琪教授和邹磊磊教授的指导和大力支持，在此表示衷心的感谢。

随着人工智能技术的发展，AI+渔业资源生物学必然更为丰富多样。由于国内AI+渔业资源生物学研究尚未成熟，相关参考资料较少，因此本书难免会出现一些不足和疏漏之处，恳请各位学界前辈、同行专家不吝赐教，望广大读者批评和指正，以便我们及时修正和改进。

著　者

2023 年 11 月

目　　录

第1章　绪论 ··· 1

1.1　渔业生物智能化技术之计算机视觉技术 ································· 2

1.2　渔业生物学领域的智能化研究应用 ····································· 6

1.3　计算机视觉的机器学习及相关应用 ····································· 12

第2章　渔业生物形态指标自动测量 ··· 15

2.1　金枪鱼属鱼类形态指标信息自动测量分析 ······························· 15

2.2　头足类角质颚形态信息提取与测量 ····································· 24

第3章　渔业生物形态轮廓信息自动提取分析 ································· 39

3.1　图像处理与椭圆傅里叶变换分析金枪鱼形态轮廓信息 ····················· 39

3.2　利用VGG16模型的金枪鱼形态轮廓信息自动提取分析 ····················· 49

第4章　渔业生物表型信息研究 ··· 56

4.1　金枪鱼属鱼类表型纹理特征量化分析 ··································· 56

4.2　头足类角质颚表型色素量化过程 ······································· 74

第5章　渔业生物智能化识别技术 ··· 90

5.1　基于KNN算法的金枪鱼属鱼类形态指标识别 ····························· 90

5.2　基于不同机器学习算法的金枪鱼属鱼类形态轮廓特征识别 ················· 98

5.3　基于不同核函数的SVM算法的金枪鱼属鱼类表型纹理分类 ················· 110

5.4　基于K-means动态聚类的鸢乌贼角质颚识别 ··························· 127

5.5　基于动量自适应BP神经网络的鸢乌贼识别 ····························· 135

参考文献 ··· 146

第1章
绪　　论

随着智能时代的快速发展（Wodecki，2019），传统渔业生物学研究正逐步向自动化和智能化的人工智能渔业生物学研究转变，新兴的智能技术在渔业生物研究中得到了广泛的应用，为实现AI+渔业生物学领域的研究应用提供了新的契机。渔业生物学作为渔业科学研究的重要组成部分，在相关领域研究中得到了大力发展，但在渔业生物学研究过程中，其自动化和智能化方面的科研水平与国外差距较大。近年来，国内对AI+渔业生物学领域的跨学科交叉研究应用已引起了广泛的重视（Yang et al.，2021）。

我国是渔业大国（林光纪，2012），无论是渔业捕捞还是水产养殖均具有悠久的历史和丰富的经验。此外，我国也是渔业产量大国（代国庆和崔和，2007）。渔获物资源中含有大量的蛋白质和必要的营养（Hardy and Lee，2010），是人们日常饮食中重要的食物来源之一，具有非常重要的营养价值（黎柳和谢晶，2014；Rahmanian et al.，2014）。随着世界人口的不断增长，全球渔业产量将不断提高，以满足人类对水产品的消费需求。伴随这一变化趋势，全球渔业的压力也将继续增加（Merino et al.，2012）。传统的捕捞或是养殖，存在水产品生产明显不足、依赖人力、水产品分类和分级、质量等问题，因此有必要将人工智能与渔业生物研究相结合。

智能化研究对渔业生产起到了至关重要的作用。人工智能不但能提高渔业生物研究的智能化水平，而且为增加渔业生产以及提升渔业管理的现代化水平提供了一种有效手段。一些国家利用人工智能技术对鱼类生物研究的应用已有许多成果，如鱼类识别、鱼体测量和质量测量、鱼摄食行为监测等（Cui et al.，2018）。研究成果表明，人工智能的鱼类生物现代化研究不仅可以提高生产效率及生产品质，还可以减少人力需求。人工智能在渔业生物学研究中的核心技术应用主要为计算机视觉技术，该技术包含图像处理、机器学习和深度学习等。

计算机视觉技术是渔业生物学研究在人工智能领域应用的核心技术之一，它在渔业生物学中得到了相关发展，也为渔业科学的发展创造了新的优势。计算机视觉技术可以克服传统渔业科学方法的不足，在减少人力物力的条件下，进行高效和准确操作，能充分发挥科学技术的优势，为日益增加的渔业生产提供先进的科学技术支撑（Álvarez-Ellacuría et al.，2020）。近年来，随着人工智能的迅速发展和影响，传统渔业领域对智能技术的需求越来越突出，人工智能技术也迅速渗透到渔业行业和研究领域，并极大地提高了相关渔业生产效率，而计算机视觉技术不仅可以提高渔业的生产效率和产品质量，还可以有效地减少人力需求（Yoon et al.，2020）。

机器学习是计算机视觉技术在渔业生物学研究中常用的方法，它不需要严格的编程就可以学习，是实现智能决策系统的关键技术（Friedland et al.，2021）。机器学习技术经历了70多年曲折而又光辉的发展历程，是学界和业界研究与应用的一个热点和焦点。

机器学习技术是让计算机模拟人类的学习活动，从而获得新知识、新技能，并重组现有知识（Nguyen and Armitage，2008）。机器学习技术是人工智能的关键，它对数据的智能分析和相关的智能化和自动化应用的开发起到积极作用，也为渔业生物的数据大规模智能分析提供了新方法（Sarker，2021）。机器学习技术的发展，使全球渔业生物研究向自动化和智能化方向发展，渔业生物研究逐步从传统方法向现代智能过渡，不仅促进了渔业科学研究技术的革新，还为渔业生产效率的提高提供了良好的前景。

1.1 渔业生物智能化技术之计算机视觉技术

1.1.1 计算机视觉技术

计算机视觉技术起源于20世纪50年代，主要是用于对二维图像的识别与分析等。20世纪60年代，罗伯茨（Roberts）通过计算机把多面体的三维立体结构从数字图像中提取出来，对物体的形状和空间关系进行了有效的描述。70年代，出现了基于计算机视觉技术的应用系统，麻省理工学院的人工智能实验室开设了相关课程。到了80年代，计算机视觉技术得到迅速发展。在近几十年里，计算机视觉技术被广泛应用于渔业生物研究（Linda，2005；龚攀，2013）。计算机视觉技术是人工智能渔业生物学研究的核心技术之一，它在渔业生物学中得到了相关发展，也为渔业科学的发展创造了新的优势。

视觉功能对获取外界未知信息和解决后续问题具有十分重要的意义（Linda，2005）。人类具备强大且健全的视觉功能系统，对世界的认识主要是通过视觉功能系统来实现的，而计算机则是通过计算机视觉技术来实现的，计算机视觉主要是模仿人类的视觉，通过计算机视觉让计算机能够像人一样利用视觉去认识和了解世界，并利用算法对图像进行处理、识别和分析等（崔雍浩等，2019）。可以进一步理解为，计算机视觉是指在现实情况中，利用视觉传感器或模拟人类视觉实现对外部世界的感知、获取、处理和理解等功能（邹庆华和张月雷，2015）。计算机视觉技术作为一个迅速发展的新研究领域，已经成为人工智能中最重要的研究领域之一。当前，计算机视觉技术主要在图像识别领域得到了广泛的应用（崔雍浩等，2019）。计算机视觉是一种快速、经济、高效和客观的检测技术，已扩展到许多不同的行业，它的速度和准确性满足不断增长的生产和质量要求，因此有助于各行业的完全自动化发展过程（Brosnan and Sun，2002）。计算机视觉技术与渔业生物研究相结合是一个全新的研究方向，更是学科交叉的产物，涉及图像处理、计算机图形学和传统鱼类生物等诸多不同知识领域的交融，计算机视觉技术在渔业生物学相关领域都有着广泛的应用。

为了进一步了解国内渔业生物学智能化研究的动态和变化趋势，在中国知网（CNKI）进行相关的文献检索分析，以"计算机视觉"、"渔业"和"生物"为关键词进行全文检索，对于学科筛选水产和渔业，检索时间为2023年11月，共检索到相关文献399篇。基于文献计量可视化分析，国内相关文章的发表最早在2004年（1篇），从2004年到2014年文献发表变化不明显，直到2015年之后渔业生物学智能化研究才呈现出迅速增长的趋势

（图1-1）。其中，从渔业生物学智能化研究国内文献共现矩阵分析发现，相关研究在循环水养殖应用较多，其他应用方向研究较少，而且空白居多（图1-2），发文机构以上海海洋大学和大连海洋大学为主，发文量分别为55篇和42篇（图1-3）。从文献来源可以看出，国内渔业生物学智能化研究在近几年得到了较好的发展，该领域研究主要集中在海洋类大学，因此高校科研对渔业生物智能的相关研究起到了关键的推动作用（图1-4）。

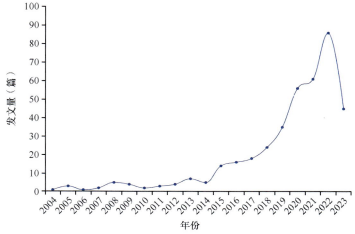

图1-1 渔业生物学智能化研究国内文献发表年际变化

数据来源为中国知网，2023年

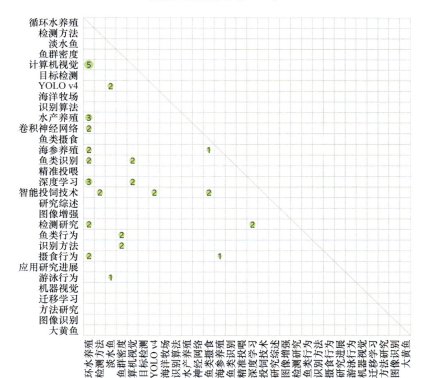

图1-2 渔业生物学智能化研究国内文献共现矩阵分析

数据来源为中国知网，2023年

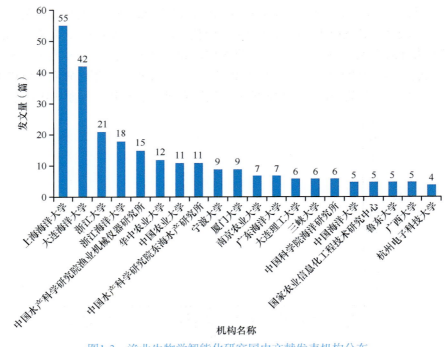

图1-3　渔业生物学智能化研究国内文献发表机构分布

数据来源为中国知网，2023年

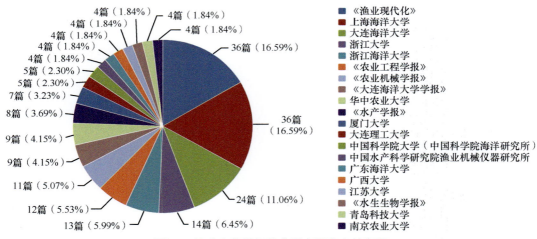

图1-4　渔业生物学智能化研究国内文献来源

数据来源为中国知网，2023年

　　此外，基于文献计量分析国外渔业生物学智能化研究的动态和变化趋势，通过Web of Science对相关研究进行检索分析，以"Computer Vision"、"Fisheries"和"Biology"为关键词，进行All Fields检索，检索时间为2023年11月，由于关键词检索限制，仅检索到34篇，时间跨度为2014～2023年，在2022年达到近10年间最大值，该领域文献发表主要集中在2022年和2023年（图1-5）。从渔业生物学智能化研究国外主要研究国家的树状图可视化可以看出，美国、英国和加拿大在该领域发文量最多，其中美国最多，为21篇（图1-6）。而从渔业生物学智能化研究国外主要文献类型的树状图可视化变化可以看出，相关领域研究发文类型以文章和综述为主（图1-7）。近两年，渔业生物学智能化研究在国外受到广泛的关注和重视，从发文量的变化趋势以及发文量主要集中在发达国家可以发现，该领域研究整体发展趋势向好，渔业生物学智能化研究仍在不断地发展变化。

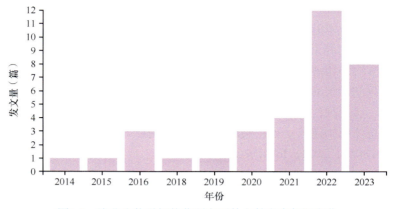

图1-5 渔业生物学智能化研究国外文献发表年际变化

数据来源为Web of Science，2023

由于且关键词检索限制，仅检索到34篇，2017年末有文章发表

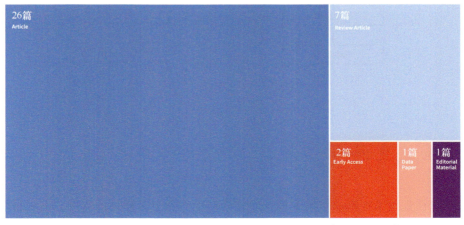

图1-6 渔业生物学智能化研究国外主要研究国家的树状图可视化

数据来源为Web of Science，2023

图1-7 渔业生物学智能化研究国外主要文献类型的树状图可视化

数据来源为Web of Science，2023

1.1.2 计算机视觉检测软件和硬件系统

目前人工智能技术的发展与应用以及渔业生物学专家经验,为鱼类的计算机视觉检测软件和硬件系统的开发提供了良好的实现条件(Strachan,1994)。开展渔业生物的计算机视觉检测软件和硬件系统的实际应用(Zion et al.,1999),替代目前花费大量人力、物力和低效的传统渔业生物信息的采集工作,将大幅度降低费用和提高相关科研信息的获取能力。实现现代生物学、人工智能与科学服务等相关研究学科的交叉应用,推动智慧生物信息体系构建与示范,实现相关功能应用,有助于提升传统渔业生物研究的科技水平(Mei et al.,2021;Iqbal et al.,2021)。

1)计算机视觉检测软件系统

计算机视觉检测软件系统主要是以对研究对象鱼类图像的功能输出为目的,基于前期工作进行各项特征提取和程序算法编写,制成集成系统,其软件系统对相关信息进行提取,并执行对鱼类图像的功能输出。图像操作和处理的目的是消除图像中无关的信息并恢复有用的真实信息,增强有关信息的可测性和最大限度地简化数据,从而提高特征提取、识别和分析的可靠性等。计算机视觉检测软件系统的基本框架如图1-8所示。

2)计算机视觉检测硬件系统

为了检测鱼类,将鱼类置于摄像装置之下,采集鱼类图像信息,并载入图像,于计算机中运行集成的软件系统,根据操作员的指令,对计算机相关功能进行调用和执行程序中的图像处理程序,以便对图像进行处理和分析。最后,通过输出设备输出鱼类图像和相关信息。计算机视觉检测硬件系统的基本框架如图1-9所示。

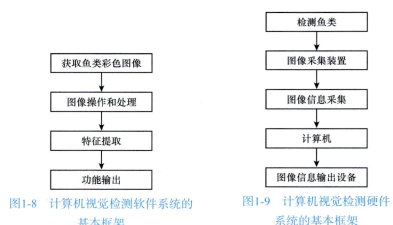

图1-8　计算机视觉检测软件系统的基本框架　　图1-9　计算机视觉检测硬件系统的基本框架

1.2　渔业生物学领域的智能化研究应用

计算机视觉技术在渔业生物学相关领域研究中得到了多样化的应用,由于目前相关研究仍然处于初级阶段,主要研究对象为鱼类生物,因此本书以鱼类相关研究为例进行研究和分析。

1.2.1　鱼类形态信息

　　鱼类生物不仅具有较高的营养价值，还是主要的水产品之一。鱼类形态指标信息对揭示鱼类生长、发育、生活史等鱼类生物学研究具有重要的作用。传统的鱼类生物研究方法需要人工操作，其形态指标信息的获取效率低，人工操作烦琐以及存在误测（余心杰等，2014）。而计算机视觉技术的发展，为传统鱼类生物研究提供了更为高效和快速的新方法。计算机视觉技术可以帮助从业者和研究人员获取鱼类形态指标信息，优于传统方法并减少了人工操作（胡祝华等，2017）。虽然计算机视觉技术还存在细微的精确度不足的问题，但它解决了长期以来的人工操作的问题，实现了测量的自动化发展。此外，尽管计算机视觉技术在近几十年才发展起来，但它已经经历了质的飞跃，因此计算机视觉技术可以代替传统的方法来获取鱼类的形态指标信息（余心杰等，2014；胡祝华等，2017；李艳君等，2020）。硬件的发展将加快计算速度，可以解决复杂的计算问题。对图像采集设备还将不断改进，以获取更高质量的图像。因此，应用计算机视觉技术可以缩短处理时间，还可以提高效率。计算机视觉技术在鱼类形态指标信息的自动化测量中的应用也将得到进一步发展。

　　余心杰等（2014）利用计算机视觉技术对大黄鱼形态指标进行自动检测，通过计算机视觉图像预处理，对图像进行分割、滤波和去噪声等，把图像中的大黄鱼外形轮廓和背景有效分开，再对特征点进行标记和测量。实验结果表明，鱼体尺寸测量平均误差值为0.28%，能满足大黄鱼的形态测量要求。胡祝华等（2017）利用计算机视觉技术对卵形鲳鲹眼部特征进行研究，获取鱼类图像，再对鱼眼瞳孔和虹膜区域进行图像预处理，对鱼眼图像分别进行灰度化处理、直方图均衡、灰度拉伸操作等。实验结果表明，鱼眼瞳孔和虹膜的检测误差分别为7.247（1±11.82%）mm和12.179（1±14.05%）mm。该方法实现了鱼眼的大批量和非接触的自动测量。李艳君等（2020）基于立体视觉技术对鱼体尺寸进行测量，利用双目立体视觉技术，通过相机标定、立体校正和匹配对双目采集的图像进行三维重建，再通过Mask-RCNN模型对鱼体进行检测与精细分割，生成鱼体表面的三维点云数据，计算鱼体长度和宽度信息。研究结果表明，长度和宽度的平均相对误差分别在4.7%和9.2%左右。该方法实现了鱼体尺寸信息的快速自动获取。

　　Al-Jubouri等（2017）利用计算机视觉技术对鱼类长度自动估算，两种摄像机正交和立体布置，其中一台摄像机用于测量物体的距离，这台摄像机与另一台正交方向的摄像机同步，用于测量物体的长度，测量出的距离和长度用于估算鱼体的实际长度。实验结果表明，该方法的测量误差在±1%范围内。Muñoz-Benavent等（2018）通过计算机视觉技术对蓝鳍金枪鱼的形态指标进行自动测量，对图像进行分割和阈值处理等，该系统能够在不需要人工干预的情况下，在5个预先设定的轮廓点上精确测量蓝鳍金枪鱼的叉长和宽度。实验证明，应用该技术对蓝鳍金枪鱼的测量是有效的。该方法可扩展应用到其他物种，还可用于评估种群的大小分布。Hsieh等（2011）利用计算机视觉技术测量金枪鱼的叉长，利用计算机视觉图像处理技术对金枪鱼图像进行灰度变换、设置阈值和去除噪声等，通过利用霍夫变换和投影变换分别对鱼类图像进行自动线性检测和投影畸变校正。拍摄方向角度为315°~360°和135°~225°，俯视图角度大于45°，可有效地将估计误差降低到（2.4±2.3）%。实验结果表明，拍摄的600多张金枪鱼图像，通过测试并验证估计误差为（4.5±4.4）%。该方法可扩展应用到其他物种。

1.2.2　鱼类表型信息

　　颜色和纹理是在大多数图像中观察到的基本特征，特别是在彩色纹理图像中。鱼类的表型特征主要表现为鱼体的表面颜色和纹理，并且其对于区分鱼类具有十分重要的作用。计算机视觉技术对图像颜色特征的提取方法有很多（Liao et al.，2021），如RGB颜色空间是根据人眼识别的颜色定义出的空间，可表示大部分颜色，其中R是红色，G是绿色，B是蓝色；HSV颜色空间，其中H是色调，S是饱和度，V是强度；LAB色彩空间用于计算机色调调整和彩色校正，L是亮度，A和B是颜色的对立维度。计算机视觉技术对图像纹理特征的提取方法也有很多，如统计分析法、结构分析法、模型分析法和信号处理分析法等（刘晓民，2008；孙君顶和马媛媛，2010；刘丽和匡纲要，2009）。计算机视觉技术对鱼类图像的颜色和纹理特征提取将对鱼类生物研究起到积极作用，有助于革新传统人工对鱼类颜色和纹理的认识与理解，促进鱼类生物学研究的自动化发展（Bekkozhayeva et al.，2021）。

　　张志强等（2011）通过计算机视觉技术对4种淡水鱼进行自动分类，采集了4种淡水鱼的图像，并对图像进行预处理，对淡水鱼的品种识别主要通过提取鱼体的特征值，主要包括提取各个分量的颜色特征值和长短轴之比等特征值，利用这些特征值建立有关淡水鱼的品种识别模型。研究结果表明，应用该技术识别效果较好。谢忠红等（2016）通过计算机视觉技术识别了4种常见的淡水鱼，通过选择鱼背和鱼肚两块皮肤图像，计算鱼类图像的imgGray和imgI1的灰度共生矩阵（gray level co-occurrence matrix，GLCM），并得出相关的特征值，包括能量、熵、相关性和对比度等特征，对图像选取HSV颜色空间的H、S、V分量作为颜色特征。实验结果表明，多特征融合的淡水鱼种类识别方法适用于有辅助光源或晴天光线好的环境。

　　Hu等（2012）通过计算机视觉技术对鱼类颜色和纹理特征进行提取，利用多分类支持向量机（MSVM）对鱼类进行分类，通过对原始图像提取鱼皮颜色和纹理图像，获得6组特征向量。研究结果表明，在HSV颜色空间中采用Bior4.4小波滤波的小波域特征提取器和基于一对一算法的DAGMSVM分类器构成鱼类识别的最佳分类模型。Spampinato等（2008）通过计算机视觉技术对鱼类进行计数，利用自动视频处理（VP）系统、纹理特征和颜色分析对鱼类进行计数，在20个水下视频中进行了测试，总体准确率高达85%。与现有的鱼类计数方法不同，该方法可以在不受约束的环境和多种情况下计算鱼类数量，且该计数方法具有很好的性能。

1.2.3　鱼类性状指标

　　鱼类的生物价值与质量指标密切相关，传统鱼类生物质量指标的测量，主要是通过人工称重。这种传统方法劳动强度大，不仅效率低，还容易产生误差，对于大量测量鱼类产品质量的后续处理产生不利影响，在一定程度上制约了渔业行业未来的进一步发展。近几年来，随着人工智能技术的迅速发展，计算机视觉技术开始应用于鱼类生物质量的自动测量和估算（An et al.，2021）。通过计算机视觉技术，研究人员对不同鱼类生物质量指标的自动测量和估算方法开展了研究（Jongjaraunsuk and Taparhudee，2021）。技术计算机视觉技术对鱼类生物质量的测量和估算，虽然仍然存在误差，但随着人工智能技术的进一步发展，其质量测量的精确度会越来越高。

余心杰等（2014）将计算机视觉技术与称重传感器技术相结合，设计了自动测量大黄鱼体重的自动检测系统，该系统通过称重传感器自动获取大黄鱼质量参数，再通过电脑USB接口数据线完成对称重显示控制器的设置，并保存其上传的大黄鱼质量数据。实验结果表明，大黄鱼体重测量平均误差为0.74%，可以满足测量精确度要求。王文静等（2012）利用计算机视觉技术对水下鱼类质量进行估计，利用计算机视觉图像处理技术对图像进行预处理，主要有几何变换、图像平滑等，测量出鱼类的面积，并对面积与质量进行数据拟合以建立模型。实验结果表明，面积与质量的相关性可达到0.9682，测试平均误差为6.17%。因此，在不捕捞的情况下可以实现对鱼类的质量估算。杨杰超等（2018）利用计算机视觉技术对大黄鱼进行体尺测算与体质量估测，通过计算机视觉图像处理技术，对采集的鱼类图像进行灰度图像处理，去除背景的鱼体图像，去除噪声和对图像进行二值化处理，分割图像提取鱼类轮廓，对采集到的样本轮廓进行鱼体测点提取，识别其体测点，对鱼体形态指标进行测量并完成体质量估测。实验结果表明，鱼体体尺测量误差平均为0.3%，利用身长与质量的关系拟合出估测体质量的关系方程。

Zhang等（2020）利用计算机视觉库OpenCV对鱼类图像进行预处理，对鱼类图像进行去除噪声信息以及缩放、分割、灰度化、增强和二值化处理等。采用主成分分析（PCA）方法提取鱼类图像特征，采用计算特征值，利用反向传播神经网络（BPNN）算法对鱼类的质量进行估计。该实验对鱼类质量的估算方法进行了检验，表明其平均绝对误差为0.0104，均方根误差为0.0137，决定系数为0.9021，该方法能较准确地估计鱼类质量。Martinez-de Dios等（2003）通过计算机视觉技术对鱼类进行非接触式质量估算，利用同步摄像机的立体视觉系统对鱼缸和网箱中的鱼类进行三维分割，采用多种预处理算法对光照局部变化进行补偿。鱼类三维分割的方法是在两幅图像中检测鱼类的特定特征。鱼类的质量通过利用鱼类长度和质量的关系来估计。Islamadina等（2018）利用计算机视觉技术获取鱼类质量，使用数码相机拍摄鱼类，对图像进行预处理，得到灰度图像（将目标以分离的形式分割出来，将不需要的目标从鱼的图像中分离出来，然后进行特征提取的过程）。实验结果表明，基于计算机视觉技术获取鱼类质量的自动测量方法的精确度达到80%～97%。

1.2.4　鱼类数量计算

鱼类计数是渔业生产中一项非常重要的工作（Ditria et al.，2021）。传统的鱼类计数方法主要是人工计算，该方法速度慢，易出错。随着人工智能技术的发展，自动化的鱼类计数方法开始得到发展（Connolly et al.，2021）。无论是捕捞还是水产养殖的鱼类，都存在排列、翻转和重叠以及鱼体表面颜色的变化，这些都会影响鱼类计数的精确度。鱼类计数通常对从业者和研究人员的工作有直接影响。因此，研究人员针对这一问题提出了许多计算机视觉技术算法，由于实验环境相对简单，还不能适应复杂的自然环境，但随着技术的不断提升，鱼类自动计数将得到广泛的应用（Ditria et al.，2021；Connolly et al.，2021）。

刘世晶等（2020）通过计算机视觉技术对吸鱼泵的过鱼量进行计数，利用背光照射方式得到鱼类轮廓信息，通过双兴趣线（double line-of-interest）计数方法，并结合鱼类投影面积分析，构建视频切片面积变化的特征，对比不同的学习算法对特征向量的分类结果，选取支持向量机对过鱼数量进行计数。实验结果表明，对过鱼数量平均计数精确度超过90%。研究表明，该方法能够有效区分重叠和粘连状态，效果较好。王硕等（2015）通过计算机视觉技术对大菱鲆鱼苗进行计数，将对鱼苗图片进行图像预处理后的二值化鱼苗粘连图像的轮廓曲线作为初始演化曲线，通过水平集方法对曲线进行常值演化，统计演化过程中的最大轮廓曲线数，作为鱼苗数量。由于大菱鲆鱼苗呈类圆形、扁平状等，对选取的10帧粘连比较严重的二值化鱼苗图像分别采用面积法、连通域法、曲线演化法进行分离计数。实验结果表明，曲线演化法计数效果较好，有利于对鱼苗进行准确计数。张杭文等（2013）通过计算机视觉图像处理技术，对采集的鱼卵图片进行了平滑、灰度化、二值化、形态学的膨胀腐蚀等图像预处理。鱼卵分割是通过调整自适应阈值获取最适合的阈值。通过查找鱼卵图像的轮廓，实现鱼卵的计数。实验结果表明，该方法在鱼卵计数上具有较好的效果，可达到鱼卵计数的目的。

Le和Xu（2017）通过计算机视觉图像处理技术对鱼类进行自动计数，利用改进的自适应阈值分割方法分割鱼类图像，对图像进行适当的预处理，将图像转换为灰度图像，采用加权平均法对图像进行灰度化处理。图像中鱼体的重叠通常使计数结果不准确。因此，在经过分割和形态学处理后，采用图像细化的方法提取鱼类骨骼，然后根据图像中相应端点的个数得到鱼类的个数。实验结果表明，在高度重叠的情况下，该方法能准确地计算鱼类数量。Lumauag和Nava（2018）通过计算机视觉图像处理技术对鱼类进行跟踪和计数研究，对鱼类图像进行采集实验，并对图像进行去噪处理以增强图像，提高图像质量，对图像进行欧氏滤波处理，将图像转换为灰度图像，提取感兴趣区域的目标，并对检测和计数精确度进行测试。实验结果表明，该方法具有较高的检测精确度。

1.2.5　鱼类生物检测与分类

Shevchenko等（2018）对低能见度水下视频的鱼类进行检测，通过背景差方法来检测运动目标，利用各种算法区分过往的鱼类和其他物体，对在自然环境中采集的两个数据集进行了测试。实验结果表明，在两个数据集中，通过选择合适的背景差方法，分别可以达到80%和60%的检测精确度。Cai等（2020）利用养殖场采集的鱼类图像数据进行检测分析，利用改进的YOLO模型对鱼类进行检测，根据鱼类的感受野确定特征图，对不同大小的鱼类进行检测，提高检测质量。实验结果表明，对于在养殖场水下采集的真实鱼类图像，检测结果具有较高的准确性，验证了该方法的有效性。Gaude和Borkar（2019）通过水下浑浊视频对鱼类进行检测与跟踪，对变化的浊度或水下颜色分量的影响进行分析，并实现了水下视频中鱼类的检测和跟踪算法，其中浊度的主要作用是检测初始点，采用混合算法，利用卡尔曼滤波器对视频中的鱼类进行跟踪。实验结果表明，鱼类检测精确度在低浊度条件下接近95%，高浊度条件下在80%以上。

Tharwat等（2018）通过生物特征对鱼类生物进行分类，在鱼类图像中提取不同的特征，分别使用韦伯局部描述符和颜色矩提取纹理和颜色特征，采用线性判别分析来减少特征的数量，区分不同类别，采用AdaBoost分类器对鱼类进行分类。实验结果表明，该方法取得了较好的鱼类生物分类效果，分类准确度约为96.4%。Kartika和Herumurti（2016）通过HSV颜色空间对锦鲤进行分类，对9条锦鲤的281个数据集进行了处理，得到训练数据和测试数据，用K-means算法分离具有两种颜色特征的物体和背景，值分别为0和1，利用HSV颜色特征提取，以获得精确度较高的分类结果。实验结果表明，没有K-Fold交叉验证的朴素贝叶斯精确度达97.92%，使用K-Fold交叉验证的支持向量机（SVM）精度达97.15%。Chhabra等（2020）通过混合深度学习对鱼类进行自动分类，利用预先训练的VGG16模型进行特征提取，使用堆叠集成模型从图像中检测鱼类并进行分类，对8种不同鱼类的435张图像进行测试。实验结果表明，该方法适用于自然水下环境的鱼类分类，其分类效果较好，分类准确率可达93.8%。

1.2.6 鱼类年龄与性别鉴定

Bermejo等（2007）通过多分类支持向量机对耳石图像的鱼类年龄进行自动分类。实验结果证明了该方法的有效性。Moen等（2018）通过深度学习对耳石进行自动分析，使用一个预先训练的卷积神经网络设计目标识别，从耳石图像估算鱼类年龄，该模型在大量的耳石图像上进行了训练和验证。实验结果表明，该深度学习模型可用于鱼类耳石分析，其实现效果良好，精确度可与专家分析的精确度相媲美。Ordonez等（2020）通过深度神经网络分析鱼类年龄。实验结果表明，与仅使用耳石的轮廓形状和大小属性相比，补充关于内部结构的信息可以改善低年龄组的结果。然而，对于高年龄组，轮廓形状和大小属性是不够的。在特定的年龄范围内，该深度神经网络倾向集中于耳石的特定区域，而最具辨别性的因素与耳石的中心部分和外缘有关。

鱼类性别主要通过传统生物学方法进行鉴定，这些方法是人工操作，因此存在一定的鉴定误差，并且在鉴定性别过程中可能会对鱼类造成创伤。Barulin（2019）利用机器学习算法分析小体鲟的鱼鳞结构，对其性别进行鉴定，发现小体鲟的鱼鳞结构取决于性别。研究结果表明，该算法实现效果较好，并且在该算法下发现的相关性，为使用人工智能技术确定鱼类性别提供了可能。

1.2.7 鱼类摄食与群体行为

Zhou等（2018）通过近红外计算机视觉技术和自适应神经网络模糊系统对鱼类摄食

进行分析，通过开发一个算法来提取一个索引，可以描述和量化鱼类摄食行为的近红外图像，并在喂养过程中设计算法实现摄食决策，以及评估性能。实验结果表明，自适应神经网络模糊系统的摄食决策准确率为98%。此外，该方法虽然在促进鱼类生长方面没有显著差异，但可以降低饲料系数10.77%，还可以减少水污染。Zhou等（2019）通过卷积神经网络和计算机视觉技术对鱼类摄食强度进行分析，对采集图像利用旋转、缩放、平移增强技术和噪声不变数据扩展技术，构建和扩展数据集。在训练数据集中训练卷积神经网络（convolutional neural network，CNN）模型，并使用训练后的CNN模型对鱼的摄食水平进行分级，与其他定量和定性的摄食强度评估方法进行比较。实验结果表明，分析效果较好，分级准确率达到90%。

Zhang等（2019）通过深度学习系统对鱼类群体行为进行检测，通过对现有数据集的扩展，建立数据集来训练CNN模型，使用VGG16的CNN模型进行实验。实验结果表明，模型效果较好，在同一样本状态检测中，采用深度学习模型进行实验，与普通纹理检测相比，准确率提高了5%。Han等（2020）通过卷积神经网络和时空信息对鱼类群体行为进行检测，通过在实验室中制造压力环境，记录了鱼类群体的行为状态，将鱼群的空间分布信息与运动行为所反映的时间信息相结合，建立了鱼类群体行为状态的样本数据库，构造了一个简单的卷积神经网络来快速识别鱼群的行为状态。实验结果表明，利用简单的卷积神经网络和时空融合图像可以有效地识别和分辨鱼群的不同行为状态。

1.3　计算机视觉的机器学习及相关应用

机器学习识别算法是计算机视觉对渔业生物识别的关键环节。渔业生物图像预处理和渔业生物信息的特征提取等前期基础工作的有效开展，为利用计算机视觉技术对渔业生物的识别提供了良好的实现条件，所以机器学习的不同算法才能有效地应用于渔业生物的智能化识别中（Tharwat et al.，2018；Kartika and Herumurti，2016）。其中，主要应用于鱼类生物分类的机器学习识别算法较多，如支持向量机、决策树（decision tree，DT）、随机森林（random forest，RF）、K近邻（K-nearest neighbor，KNN）、人工神经网络（artificial neural network，ANN）和BP神经网络（back propagation neural network，BPNN）等。机器学习识别算法的应用研究因具体的实际情况而异，但其总体应用效果较好，该算法不仅对改进传统鱼类识别技术具有积极影响，还有助于鱼类生物学向先进的智能化领域发展。

1.3.1　支持向量机

支持向量机是一种经典的二分类模型（Cortes and Vapnik，1995），但也可对多个类别进行识别。支持向量机是在多维空间中构造一个线性可分离的最优超平面并对数据进行分类，且在拟合过程中具有很强的稳定性（Cortes and Vapnik，1995；刘方园等，2018；王磊，2007）。支持向量机具有很好的泛化能力，具有对研究的样本维数不敏感，以及不依靠经验信息等优势（王磊，2007），因而支持向量机应用于鱼类识别的研究较多。Hossain等（2016）通过水下视频对鱼类活动进行跟踪并进行鱼种识别分析，主要使用金字塔式梯度方向直方图（PHOW）特征和支持向量机分类算法进行识别，在高分辨率静态图像中识别鱼类的准确率为91.7%，该研究可实现对鱼类更为准确地检测和识别。Islam等（2019）对鱼类图像使用两种不同的二值化模式，从而提取得到不同类型的特征，同时还使用了支持向量机的不同核函数对鱼类进行识别，该研究的识别准确率达到90%。Ogunlana等（2015）通过提取鱼类图像中的形态特征，将鱼类数据分为两个数据集，一个数据集包含76条鱼，将其作为训练集，另一个数据集则包含74条鱼，将其作为测试集，通过SVM算法对鱼类进行分类，该研究识别准确率为78.59%，可用于有效识别鱼类。

1.3.2　决策树和随机森林

决策树是一种典型的机器学习识别算法，它是一种形似树结构的分类模型，主要由根节点、分支节点和叶子节点等部分构成。树的每个分支是一个分类问题，树的叶子节点表示对应分类的数据分割，对于每个分支再重复建立树的下层节点和分支过程，最终建立完成决策树（Quinlan，1986；刘晓娜等，2013）。随机森林是利用多个决策树对研究对象进行分类的一种集成机器学习算法。在随机森林算法中，随着决策树的数量增多，它的泛化误差会逐渐收敛。该算法能较好地避免过拟合问题，已广泛应用于各种识别问题（Zhu et al.，2020）。决策树和随机森林的相关鱼类识别应用有：Khotimah等（2015）利用图像处理方法提取金枪鱼图像的纹理特征和形态特征，并使用决策树算法对不同种金枪鱼进行自动识别，其识别准确率为88%。Freitas等（2016）使用颜色特征对鱼类进行识别，其决策树模型的识别准确率为82%，该研究认为决策树分类模型具有识别过程和结构易于理解的特点，以及可用于分析鱼种识别的多类别分类问题。Joo等（2013）利用计算机视觉技术提取鱼类的颜色特征和条纹特征，使用随机森林对提取的鱼类生物信息进行分类，其随机森林分类器识别表现较好。

1.3.3　*K*近邻

*K*近邻是对于任意一个新的数据集，通过确定待识别样本与已知类别的训练样本间的距离，找出与待识别样本距离最近的*K*个样本，再利用这些样本所属的类别分析待识别样本的类别（路敦利等，2017；Cover，1968）。*K*近邻是最为常用的识别算法之一（Cover and Hart，1967），其识别原理易于理解，并能有效识别研究对象。*K*近邻算法的相关鱼类识别应用有：Saputra和Herumurti（2016）通过提取鱼类的纹理特征和形态特征，使用*K*近邻算法对鱼类进行识别，分析结果表明纹理特征识别准确率为83.33%，形态特征识别准确率为63.33%，综合两种特征的识别准确率为86.67%，该研究结果认为使用*K*近邻算法可对鱼类进行有效识别。

1.3.4 人工神经网络和BP神经网络

人工神经网络是一种仿人脑运作原理的算法，由多个计算单元组成并相互联系（冷烁和胡振中，2018），即人工神经网络是由许多神经元组成的互联单元形成的网络结构（Zhang，2018）。人工神经网络通过不同学科交叉，具有很强的适应能力，并具备自学习、自组织、并行分布式处理、良好的容错性等特点，其输入层、隐藏层、输出层是网络结构的重要组成部分（李苍柏等，2020）。BP神经网络是人工神经网络应用较多的一种算法。BP神经网络学习过程由两个部分组成，其一是信号的正向传播，其二是误差的反向传播（周政，2008）。BP神经网络具有结构简易、可操作性强和算法完善，以及具备自学习和自适应等优势。人工神经网络在鱼类识别中的相关应用有：Pornpanomchai等（2013）通过提取鱼类形态特性和纹理特征对30种鱼类进行分类，主要过程包括鱼类图像采集和预处理，以及提取鱼类图像特征和鱼类识别等，利用人工神经网络识别算法进行分析，其鱼类识别效果较好，准确率达到99%；Fouad等（2013）通过提取鱼类图像中的加速鲁棒特征（SURF）并利用人工神经网络对鱼类进行识别，该研究具有较好的识别效果，准确率达到82.35%。此外，BP神经网络在鱼类识别中的相关应用有：Alsmadi等（2011）通过提取鱼类颜色特征并利用BP神经网络对20科的鱼类进行识别，先分成两个鱼类图像数据集，主要包括400张训练集和210张测试集，然后使用BP神经网络在测试集上进行分析，鱼类识别准确率为84%，研究结果认为该方法能有效识别鱼类。此后，Alsmadi（2019）对BP神经网络进行了改进分析，通过研究24科的鱼类并提取其形态特征、纹理特征和颜色特征等。研究分析表明，未改进的BP神经网络识别准确率为82.1%，而改进的BP神经网络识别准确率为87%，该研究认为可进一步分析改进的BP神经网络对不同鱼类的识别效果。

第2章
渔业生物形态指标自动测量

2.1 金枪鱼属鱼类形态指标信息自动测量分析

形态指标（欧利国和刘必林，2019）作为鱼类生物学研究的基础数据，其测量效果直接影响其他相关的研究应用。计算机视觉技术对测量鱼类形态指标具有自动化和批量化处理、降低人工测量误差以及测量的数据具有客观性和可重复性的优势（Hsieh et al.，2011；胡祝华等，2017）。金枪鱼属鱼类是我国远洋渔业重要的捕捞对象（陈新军等，2008），具有很高的经济价值和食用价值（王锡昌等，2010）。传统金枪鱼形态指标测量存在一定的不足和缺陷，需要在船上实地测量、消耗大量人力以及具有人为主观性和不可重复性等（陈新军等，2006）。因此，为提高金枪鱼属鱼类形态指标数据获取的质量和效率，可利用计算机视觉技术进行自动化测量。

本章利用大眼金枪鱼（*Thunnus obesus*）、黄鳍金枪鱼（*Thunnus albacares*）、长鳍金枪鱼（*Thunnus alalunga*）3种金枪鱼属鱼类的图像，通过计算机视觉技术对图像进行预处理，提取金枪鱼属鱼类的形态轮廓，对形态轮廓的特征点进行预先选定，然后通过选定的特征点，对每张鱼类图像进行自动定位预先选定的特征点，自动生成形态指标的像素长度，通过叉长的实际长度与像素长度的关系计算得到其他形态指标的实际数据，并分析3种金枪鱼属鱼类形态指标的绝对误差和相对误差。该研究可对金枪鱼属鱼类形态指标进行自动化测量，快速获得多个形态指标，具有高效、客观和可重复等优势。

2.1.1 材料与方法

2.1.1.1 材料

以8尾大眼金枪鱼（*Thunnus obesus*）、9尾黄鳍金枪鱼（*Thunnus albacares*）、7尾长鳍金枪鱼（*Thunnus alalunga*）共24尾金枪鱼属鱼类作为研究对象，采集24尾金枪鱼属鱼类的二维图像，并对图像进行处理和保存图像为JPEG文件格式。

2.1.1.2 自动测量处理

金枪鱼属鱼类形态指标自动测量过程主要包括：图像预处理、特征点定位、测量形态指标和数据输出（图2-1）。

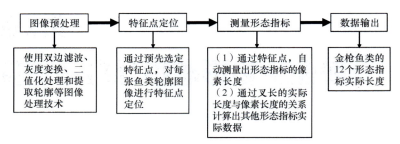

图2-1 金枪鱼属鱼类形态指标自动测量流程图

1. 图像预处理

通过计算机视觉库OpenCV对3种金枪鱼属鱼类的图像进行预处理，利用双边滤波（bilateral filter）对图像进行去噪处理，使金枪鱼形态的边缘信息在处理后保持清晰和平滑，其算法公式（梁广顺等，2015）为

$$BF[I] = \frac{1}{\omega}\sum_{j \in N} G_{\sigma_d}(j-i)G_{\sigma_r}(I_j - I_i)I_i \qquad (2\text{-}1)$$

式中，BF为双边滤波；i为待求的像素；N表示图像I中以像素i为中心的方形邻域；j表示邻域中的任一像素；ω是一个标量，为归一化函数；G_{σ_d}是一个用来减弱远距离像素影响的空间邻近度函数；G_{σ_r}是一个用来减少对像素点i灰度差异太大的像素点j的影响的灰度相似度函数。然后，进行灰度变换（gray-scale transformation），使每一个像素值均为单通道颜色的灰度值，其算法公式（李晓莎和林森，2019）为

$$\text{Gray}(i, j) = 0.299R(i, j) + 0.579G(i, j) + 0.114B(i, j) \qquad (2\text{-}2)$$

式中，R(i, j)、G(i, j)、B(i, j)分别是读取RGB的3个通道的分量值。对灰度变换后的图像进行图像二值化（image binarization）处理（赵世峰和何智健，2018），使图像为像素点的值为0或255的黑白图像。最后，利用计算机视觉库OpenCV的findContours函数和drawContours函数对二值化图像的鱼类边缘进行轮廓提取（度国旭，2020），得到鱼类的形态轮廓图像。

2. 特征点定位

特征点的选取参考相关金枪鱼属鱼类研究（余心杰等，2014；桂殁，2018），将参考研究中的形态指标与3种金枪鱼属鱼类的形态轮廓进行对比来选取形态指标。沿着形态轮廓对选取出来的形态指标所处形态轮廓的位置进行预先选定特征点，共选定17个特征点，并对每个特征点进行生物学定义和算法选取定位描述（表2-1）。以图像的最左上方作为坐标轴原点，分别以X轴和Y轴方向进行遍历，遍历轮廓图像上所有的像素点，直到跟踪到预先选定的轮廓特征点，并自动定位出预先选定的轮廓特征点（图2-2）。特征点定位算法主要有两个步骤：步骤一，根据轮廓图像的上下左右方位按行或按列遍历整张图像，并跟踪到轮廓图像方位特征点；步骤二，计算两个方位特征点间的局部轮廓上所有的点到这两个方位特征点连线的距离，并判断局部轮廓上的点到连线间是否为最大距离（桂殁，2018），若是最大距离即为特征点，即

$$z = \frac{|Ax + By + C|}{\sqrt{A^2 + B^2}} \qquad\qquad (2\text{-}3)$$

式中，z 为最大距离；（x，y）为局部轮廓的最远点；A、B 为两方位特征点所在连线的系数；C 为常数。

表2-1　特征点定义和定位

特征点	定义	定位
1a	鱼吻下吻端点	遍历图像跟踪到鱼吻下吻处最左点
1b	鱼吻上吻端点	遍历图像跟踪到鱼吻上吻处最左点，其中若鱼嘴呈闭合状态，则 1a 点和 1b 点重合
2	尾鳍上半部分端点	遍历上半张图像跟踪到鱼类轮廓最右点
3	尾鳍下半部分端点	遍历下半张图像跟踪到鱼类轮廓最右点
5	第一背鳍端点	取 1b 点和 2 点的横坐标的中间值为边界，遍历左半张图像跟踪到鱼类轮廓最高点
6	腹鳍端点	取 1b 点和 2 点的横坐标的中间值为边界，遍历左半张图像跟踪到鱼类轮廓最低点
8	尾鳍上半部分前端与鱼体的连接点	取 2 点和 5 点的横坐标为边界划分的区间，遍历鱼类轮廓上半部分跟踪到最低点
9	尾鳍下半部分前端与鱼体的连接点	取 3 点和 5 点的横坐标为边界划分的区间，遍历鱼类轮廓下半部分跟踪到最高点
10	尾鳍后部其上部分与下部分交点	取 8 点纵坐标及 9 点纵坐标为边界划分的区间，遍历鱼类轮廓右半部分跟踪到最左点
12	第二背鳍前端与鱼体的连接点	遍历第一背鳍与第二背鳍之间的轮廓跟踪到最低点
4	第二背鳍端点	取 12 点和 8 点的横坐标为边界划分区间，遍历鱼类轮廓上半部分跟踪到最高点
7	臀鳍端点	取 1b 点和 2 点横坐标的中间值及 2 点和 4 点横坐标的中间值为边界划分的区间，遍历鱼类轮廓下半部分跟踪到最低点
11	第一背鳍前端与鱼体的连接点	遍历鱼类轮廓左上部分跟踪到距离 1b 点和 5 点连线最远点
13	第二背鳍后端与鱼体的连接点	遍历鱼类轮廓右上部分跟踪到距离 4 点和 8 点连线最远点
15	臀鳍前部与鱼体的连接点	取 6 点和 7 点横坐标中间值，再取这个中间值位于鱼类形态轮廓上的点与 7 点连线跟踪到距离最远点
14	腹鳍前部与鱼体的连接点	遍历鱼类轮廓左下部分跟踪到腹鳍前部与鱼体的连接点
16	臀鳍后部与鱼体的连接点	遍历鱼类轮廓右下部分跟踪到距离 7 点和 9 点连线最远点

3. 测量形态指标和数据输出

通过特征点位置，自动测量出13个形态指标的像素长度（图2-3），分别为全长（total length）ag、叉长（fork length）ah、体长（standard length）af、体高（body height）bn、尾鳍宽（caudal fin width）gi、第二背鳍长（second dorsal fin length）cd、第二背鳍基底长（second dorsal fin base length）ce、臀鳍长（anal fin length）ml、臀鳍基底长（anal fin base length）mk、尾柄高（caudal peduncle height）ff、头一鳍长（distance of the first dorsal fin）ab、头二鳍长（distance of the second dorsal fin）ac、头臀鳍长（distance of anal fin）*am*，形态指标值单位为像素。设置已知13个形态指标值中的任意一个实际值，可立即得出其他12个实际值，并计算出3种金枪鱼属鱼类的各个形态指标均值。本书以叉长的实际长度与像素长度的关系计算出其他12个形态指标的实际长度，公式为

$$y = \frac{b}{a}x \qquad\qquad （2-4）$$

式中，*a*为叉长的像素长度；*b*为叉长的实际长度；*x*为所求形态指标的像素长度；*y*为所求形态指标的实际长度。

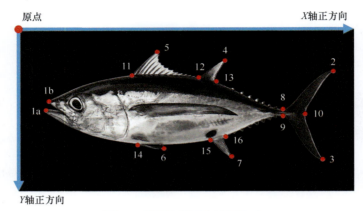

图2-2　特征点位置和遍历方向

特征点定义和定位见表2-1

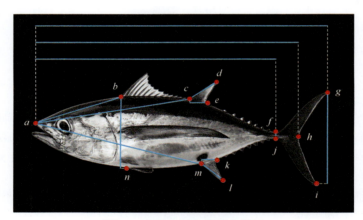

图2-3　金枪鱼属鱼类形态指标

2.1.1.3　误差分析

通过计算机视觉技术的自动测量和ImageJ图像处理软件的人工测量，对分别得出的金枪鱼属鱼类的12个形态指标进行分析，然后分别计算3种金枪鱼属鱼类形态指标的绝对误差和相对误差（余心杰等，2014）。同时，计算金枪鱼属鱼类形态指标的绝对误差范围和相对误差范围，并分别绘出3种金枪鱼属鱼类形态指标的绝对误差均值图和相对误差均值图。

以上所有数据的分析处理使用Python 3.6.6、ImageJ图像处理软件和Excel 2016软件完成。

2.1.2　结果

2.1.2.1　金枪鱼属鱼类图像的预处理分析

通过计算机视觉技术对3种金枪鱼属鱼类形态进行图像预处理分析的结果显示，双边滤波处理不仅能平滑鱼类形态彩色图像，还能保持鱼类形态边缘；再对双边滤波图进行灰度变换和图像二值化处理，得到鱼类形态与背景分割的黑白图，其鱼类形态清晰显著。对黑白二值化图像中的金枪鱼属鱼类通过计算机视觉技术处理可快速检测出鱼类形态轮廓特征边缘（图2-4）。

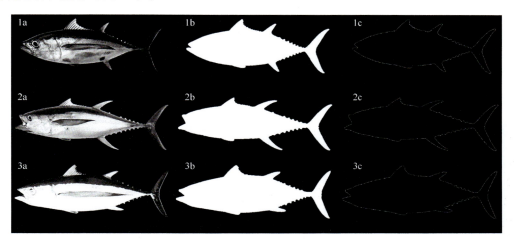

图2-4　3种金枪鱼属鱼类图像预处理
1. 大眼金枪鱼；2. 黄鳍金枪鱼；3. 长鳍金枪鱼；
a. 灰度图像；b. 二值化图像；c. 轮廓图像

2.1.2.2　预选特征点自动定位

对3种金枪鱼属鱼类预选特征点的自动定位分析结果显示，利用预先选定的特征点，对每张金枪鱼属鱼类的轮廓图像特征点进行自动定位，遍历图像所有像素点跟踪到预先选定的特征点，对每张图像均能正确定位出17个特征点（图2-5），且会在每张金枪鱼属鱼类的特征点处自动标记"+"字，可以此来判断预选特征点的自动定位处理结果的准确性。

2.1.2.3　形态指标的自动测量

对3种金枪鱼属鱼类形态指标的自动测量分析结果显示，对金枪鱼属鱼类特征点的自动和准确定位，在金枪鱼属鱼类形态轮廓图像中能很好地自动测量出每个形态指标，并自动生成13个形态指标（图2-6）和其对应图像上形态指标的像素长度，通过3种金枪鱼属鱼类叉长的实际长度，可快速得到其余12个形态指标的实际长度，并计算其均值（表2-2）。

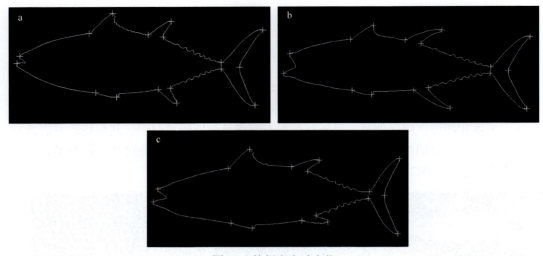

图2-5　特征点自动定位

a.大眼金枪鱼；b.黄鳍金枪鱼；c.长鳍金枪鱼

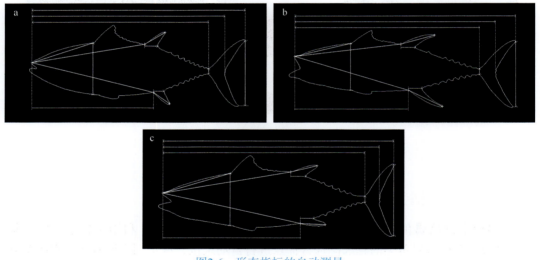

图2-6　形态指标的自动测量

a.大眼金枪鱼；b.黄鳍金枪鱼；c.长鳍金枪鱼

表2-2　3种金枪鱼属鱼类的形态指标均值　　　　　　　　（单位：cm）

种名	全长	体长	体高	尾鳍宽	第二背鳍长	第二背鳍基底长
大眼金枪鱼 *Thunnus obesus*	74.24	62.71	19.96	23.17	8.16	4.77
黄鳍金枪鱼 *Thunnus albacares*	68.9	57.38	16.18	19.68	7.84	4.65
长鳍金枪鱼 *Thunnus alalunga*	104.5	87.14	24.66	35.51	11.5	6.61

续表

种名	臀鳍长	臀鳍基底长	尾柄高	头一鳍长	头二鳍长	头臀鳍长
大眼金枪鱼 *Thunnus obesus*	7.6	3.81	2.34	22.62	39.43	43.99
黄鳍金枪鱼 *Thunnus albacares*	7.48	4.25	2.16	19.97	34.77	38.02
长鳍金枪鱼 *Thunnus alalunga*	13.01	6.54	3.2	29.24	52.32	58.27

2.1.2.4　金枪鱼属鱼类形态指标的绝对误差分析

对3种金枪鱼属鱼类形态指标的自动测量和人工测量的绝对误差分析结果显示，大眼金枪鱼12个形态指标的绝对误差范围为0.00～1.46cm，尾柄高的绝对误差范围最小，头臀鳍长的绝对误差范围最大；黄鳍金枪鱼12个形态指标的绝对误差范围为0.00～1.73cm，臀鳍基底长的绝对误差范围最小，体长的绝对误差范围最大；长鳍金枪鱼12个形态指标的绝对误差范围为0.00～1.32cm，尾柄高的绝对误差范围最小，全长的绝对误差范围最大（表2-3）。通过对3种金枪鱼属鱼类的12个形态指标的绝对误差均值图进行分析，可以看出每个形态指标的绝对误差效果，其中3种金枪鱼属鱼类尾柄高的绝对误差均值较小（图2-7）。

表2-3　3种金枪鱼属鱼类形态指标的绝对误差范围　　　　　　　（单位：cm）

种名	全长	体长	体高	尾鳍宽	第二背鳍长	第二背鳍基底长
大眼金枪鱼 *Thunnus obesus*	0.01～1.02	0.03～0.80	0.09～0.83	0.00～0.58	0.01～0.34	0.01～0.14
黄鳍金枪鱼 *Thunnus albacares*	0.08～1.23	0.00～1.73	0.00～0.33	0.01～0.13	0.01～0.17	0.01～0.24
长鳍金枪鱼 *Thunnus alalunga*	0.00～1.32	0.10～1.30	0.00～0.67	0.00～0.59	0.01～0.15	0.02～0.20

种名	臀鳍长	臀鳍基底长	尾柄高	头一鳍长	头二鳍长	头臀鳍长
大眼金枪鱼 *Thunnus obesus*	0.04～0.29	0.01～0.18	0.01～0.07	0.01～0.68	0.01～0.91	0.01～1.46
黄鳍金枪鱼 *Thunnus albacares*	0.00～0.42	0.01～0.10	0.00～0.16	0.00～1.09	0.01～0.45	0.02～0.43
长鳍金枪鱼 *Thunnus alalunga*	0.01～0.32	0.01～0.41	0.01～0.10	0.14～0.93	0.13～0.51	0.02～0.84

2.1.2.5　金枪鱼属鱼类形态指标的相对误差分析

对3种金枪鱼属鱼类形态指标的自动测量和人工测量的相对误差分析结果显示，大眼金枪鱼12个形态指标的相对误差范围为0.01%～5.84%，全长的相对误差范围最小，臀鳍基底长的相对误差范围最大；黄鳍金枪鱼12个形态指标的相对误差范围为0～6.17%，尾鳍宽的相对误差范围最小，尾柄高的相对误差范围最大；长鳍金枪鱼12个形态指标的相对误差范围为0～6.89%，头二鳍长的相对误差范围最小，臀鳍基底长的相对误差范围最大（表2-4）。通过对3种金枪鱼属鱼类的12个形态指标的相对误差均值图分析，可以看出3种金枪鱼属鱼类的形态指标是波动变化且变化趋势较为相似（图2-8）。

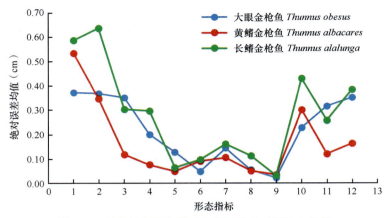

图2-7　3种金枪鱼属鱼类形态指标的绝对误差均值图

1. 全长；2. 体长；3. 体高；4. 尾鳍宽；5. 第二背鳍长；6. 第二背鳍基底长；7. 臀鳍长；8. 臀鳍基底长；9. 尾柄高；10. 头一鳍长；11. 头二鳍长；12. 头臀鳍长

表2-4　3种金枪鱼属鱼类形态指标的相对误差范围　　　　　　　　　　　（%）

种	全长	体长	体高	尾鳍宽	第二背鳍长	第二背鳍基底长
大眼金枪鱼 Thunnus obesus	0.01～1.07	0.05～1.13	0.51～2.38	0.02～1.66	0.22～3.69	0.19～2.74
黄鳍金枪鱼 Thunnus albacares	0.14～1.21	0.00～1.80	0.01～2.14	0.04～0.82	0.14～1.91	0.16～4.78
长鳍金枪鱼 Thunnus alalunga	0.00～1.33	0.13～1.49	0.00～2.95	0.01～1.86	0.05～1.29	0.36～3.52

种	臀鳍长	臀鳍基底长	尾柄高	头一鳍长	头二鳍长	头臀鳍长
大眼金枪鱼 Thunnus obesus	0.84～3.59	0.16～5.84	0.24～3.63	0.03～2.98	0.02～2.66	0.02～3.33
黄鳍金枪鱼 Thunnus albacares	0.06～2.83	0.33～2.42	0.08～6.71	0.03～3.55	0.02～0.83	0.04～1.28
长鳍金枪鱼 Thunnus alalunga	0.08～3.15	0.13～6.89	0.13～4.24	0.29～2.97	0.21～0.96	0.02～1.48

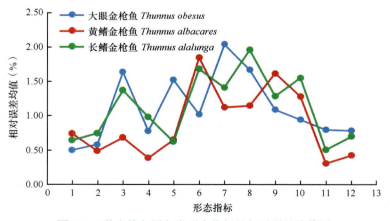

图2-8　3种金枪鱼属鱼类形态指标的相对误差均值图

1. 全长；2. 体长；3. 体高；4. 尾鳍宽；5. 第二背鳍长；6. 第二背鳍基底长；7. 臀鳍长；8. 臀鳍基底长；9. 尾柄高；10. 头一鳍长；11. 头二鳍长；12. 头臀鳍长

2.1.3　讨论

2.1.3.1　图像预处理和特征点定位对形态指标自动测量的重要性

计算机视觉技术中的图像预处理是金枪鱼属鱼类形态指标自动测量的重要环节（Hsieh et al.，2011）。因此，本书通过计算机视觉技术对3种金枪鱼属鱼类的形态图像进行预处理，通过双边滤波、灰度变换、二值化处理和提取轮廓等图像处理技术对3种金枪鱼属鱼类整体形态进行保边去噪（靳明和宋建中，2004），提高其形态图像的视觉特性（余章明等，2009），并进一步将金枪鱼属鱼类的形态与背景图像进行分割（王茜蒨等，2003），实现金枪鱼属鱼类形态轮廓的获取。此外，相关类似金枪鱼自动测量的研究也采用了图像处理技术对鱼体进行灰度图像转换、设置阈值、图像去噪分析等（Hsieh et al.，2011），而对其他鱼类则进行灰度图像均衡化、阈值设置、图像灰度拉伸和Canny边缘检测等图像处理（胡祝华等，2017）。金枪鱼属鱼类轮廓图像是本书形态指标自动测量中重要的组成部分，鱼类轮廓图像为后续金枪鱼属鱼类的预选特征点自动定位提供了重要保障，也是形态指标自动测量的首要前提工作。

计算机视觉技术对金枪鱼属鱼类特征点进行自动定位，并将输出特征点与待测量形态指标之间建立起相关的联系，也是确保形态指标自动测量的关键一步。本书中金枪鱼属鱼类的特征点是根据形态轮廓和形态指标进行选定的。3种金枪鱼是同属不同种的鱼类，通过对其图像处理后得到3种金枪鱼属鱼类轮廓图像，整体形态具有共性，鱼体轮廓均呈纺锤形（戴小杰等，2007），根据其形态的共性对特征点进行预先选定。同时，特征点选定也结合预先选定的形态指标，而形态指标的选取是基于鱼类研究相关的领域知识和专家长期总结的科学经验（Tičina et al.，2011；Hajjej et al.，2011），因此选取的特征点具有科学依据。对金枪鱼属鱼类的特征点进行预先选定后，在处理每张图片时，让计算机自动定位在预先选定的特征点上，使图像特征点的处理实现可重复和准确定位。本书对金枪鱼属鱼类形态17个特征点进行自动定位。而在类似研究中，其他鱼类形态特征点共定位10个（Hsieh et al.，2011）。

2.1.3.2　计算机视觉技术对金枪鱼属鱼类的自动测量效果

本书中计算机视觉技术不但能对不同金枪鱼属鱼类的形态指标进行测量，而且能自动测量其他多个形态指标，自动和准确地将形态指标数据信息化。通过自动定位金枪鱼属鱼类的预选特征点，可较好地对金枪鱼属鱼类的形态指标进行自动测量。本书自动测量了金枪鱼属鱼类的全长、叉长、体长和体高等13个形态指标的像素长度，并根据叉长的实际长度，得到其余12个形态指标的实际长度。在国外相关金枪鱼属鱼类形态指标自动测量的研究中（Hsieh et al.，2011），也有对金枪鱼属鱼类叉长的自动测量，但本书自动测量了更多的形态指标，能更好地满足金枪鱼属鱼类生物学研究的实际需要（Tičina et al.，2011；Hajjej et al.，2011）。

本书对3种金枪鱼属鱼类自动测量和人工测量的形态指标数据进行对比，通过绝对误差和相对误差分析发现，自动测量的效果较好。

大眼金枪鱼、黄鳍金枪鱼和长鳍金枪鱼12个形态指标的绝对误差范围分别为0.00～

1.46cm、0.00～1.73cm和0.00～1.32cm。3种金枪鱼属鱼类形态指标的绝对误差范围均较小，自动测量和人工测量结果差异较小，表明本书使用的自动测量可代替人工测量，自动测量的形态指标数据值可用于金枪鱼属鱼类生物学研究和应用。通过对3种金枪鱼属鱼类12个形态指标的绝对误差均值图对比分析发现，由于是同属不同种其整体形态较为相似，测量的绝对误差也因其相似性，使得3种金枪鱼在绝对误差曲线变化过程中其变化趋势较为相似，但也因每种金枪鱼在整体形态上有所差异，不同种的形态指标在绝对误差上有所差异。

大眼金枪鱼、黄鳍金枪鱼、长鳍金枪鱼的12个形态指标的相对误差范围分别为0.01%～5.84%、0～6.17%、0～6.89%。3种金枪鱼属鱼类的12个形态指标的相对误差均值与绝对误差均值的变化趋势较为相似。3种金枪鱼属鱼类的形态指标的相对误差范围均较小（王奕文等，2020），大黄鱼全长的相对误差为0.22%～0.37%（杨杰超等，2018）。

计算机视觉技术对金枪鱼属鱼类的自动测量具有显著优势。由于是自动测量每张图像而不是人工测量，获得的每张金枪鱼属鱼类图像的形态指标数据值不仅在重复测量过程中保持一致性，其形态指标还能准确地再次定位在同一个位置处，克服了传统金枪鱼属鱼类的形态指标测量方法的不可重复性和人为误测等缺点。自动测量提高了对金枪鱼属鱼类的测量效率，也将人为主观误差尽可能降到最低（胡祝华等，2017）。此外，本书通过计算机视觉技术对少量金枪鱼属鱼类图像自动测量的效果较好，相比其他自动测量方法需要几千张样品图像（王奕文等，2020）才能实现自动测量，计算机视觉技术为金枪鱼属鱼类生物自动测量提供了更便捷、更高效和限制条件更少的方法。同时，相对其他对少量样品的研究（杨杰超等，2018），本书不仅测量了更多的形态指标，还对同属不同种金枪鱼进行了自动测量。自动测量金枪鱼属鱼类形态指标有利于推进金枪鱼属鱼类现代生物学智能化的研究发展（Islamadina et al.，2018；Fernandes et al.，2020）。

2.2　头足类角质颚形态信息提取与测量

2.2.1　头足类角质颚的轮廓与特征点提取

轮廓与特征点研究是头足类角质颚形态特征鉴别的基本方法，对于轮廓与特征点的提取最常用的方法是手动描绘与标定。利用计算机视觉技术进行轮廓与特征点的提取，不但可以降低手动提取带来的误差、提高准确性，而且更加快速、便捷。本节将利用计算机视觉技术提取头足类角质颚的轮廓与特征点，首先将自制装置拍摄得到的角质颚三视图放入MATLAB软件中进行编程处理，然后利用Canny算法提取角质颚轮廓，最后根据地标点的定义标定特征点位置并建立空间坐标系得到角质颚的特征点坐标。

2.2.1.1　材料与方法

1. 数据来源

实验用一尾鸢乌贼（*Sthenoteuthis oualaniensis*）样品于2019年1～2月在印度洋进行

灯光围网生产时所采集，地点位于17°4′N～17°18′N、61°5′E～61°35′E。样品经实验室解冻后提取角质颚并放入75%的乙醇溶液中保存。

2. 角质颚三视图的拍摄

利用自制拍摄装置对角质颚（上颚和下颚）进行拍照，该装置利用两个45°三棱镜的光线反射原理，经一次拍摄同时获取口视图、腹视图和侧视图（图2-9，图2-10）。

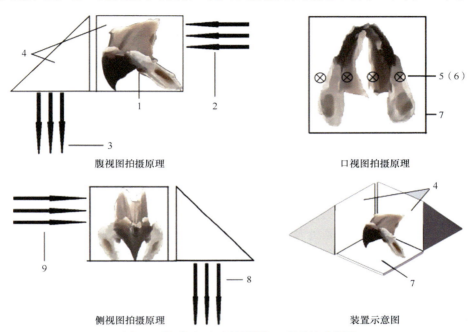

腹视图拍摄原理　　　　　　　口视图拍摄原理

侧视图拍摄原理　　　　　　　装置示意图

图2-9　角质颚三视图拍摄装置及原理示意图

1.角质颚样本；2和3.光线变化；4.45°三棱镜；5和6.光线变化；7.载玻片；8和9.光线变化

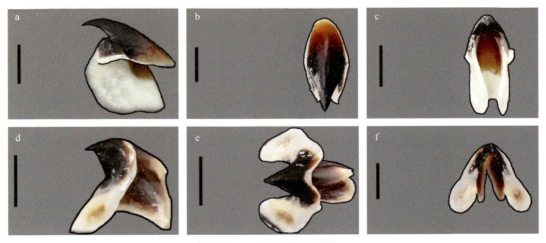

图2-10　角质颚三视图

a、b、c分别为上颚侧视图、腹视图和口视图；d、e、f分别为下颚侧视图、腹视图和口视图。其中，黑色线条为比例尺
（1cm）

3. 角质颚轮廓的提取

利用Canny算法提取角质颚轮廓，其主要步骤如下。

（1）将上颚和下颚的三视图进行灰度化处理（帅晓华，2019），得到角质颚灰度图。

（2）利用二维（2D）高斯滤波模板和原图像进行卷积来消除噪声，此研究的模板大小为5×5。二维高斯函数如下式（肖强明等，2011）所示：

$$G(x, y) = \frac{1}{2\pi\sigma^2} \exp\left(-\frac{x^2 + y^2}{2\sigma^2}\right)$$

式中，方差标准差σ的取值决定了图像的平滑程度，研究中分别取标准差σ为10、1、0.1、0.01进行分析。

（3）利用导数算子求出图像灰度沿着两个方向的导数G_x和G_y，并求出梯度的大小和方向（王绪四等，2011）：

$$|G| = \sqrt{G_x^2 + G_y^2} \quad \theta = \arctan\frac{G_x}{G_y}$$

（4）利用非极大值抑制（non-maximum suppression）消除边缘检测带来的杂散响应（Herout et al.，2012），即将边缘最大值之外的所有梯度值抑制为零。对梯度图像中每个像素进行非极大值抑制的算法为：将当前像素的梯度强度与沿正负梯度方向上的两个像素进行比较，如果当前像素的梯度强度与另外两个像素相比最大，则该像素点保留为边缘点，否则该像素点将被抑制。

（5）通过双阈值计算边缘（张晶晶等，2011），凡是小于低阈值的一定不是边缘，凡是高于低阈值的一定是边缘，如果检测结果在两个阈值之间，那么检查这个像素的邻域像素中有没有超过高阈值的边缘像素，若没有则不是边缘，否则就是边缘。

（6）通过抑制孤立的弱边缘最终完成轮廓检测（Woodman et al.，2001）。为了获得准确的结果，应该抑制由双阈值计算引起的弱边缘，通过查看弱边缘像素及其8个邻域像素，只要其中一个为强边缘像素，则该弱边缘点就可以保留为真实的轮廓。

4. 角质颚特征点的提取

根据前人的研究，对上颚和下颚各10个特征点进行标定并编号1～10（表2-5）（Neige and Dommergues，2002）。利用MATLAB软件设计算法提取角质颚特征点，具体步骤如下：①迭代遍历图像中角质颚的轮廓，获取角质颚的边缘信息建立二维坐标系，坐标系的原点位于图像的左下角；②沿角质颚轮廓迭代遍历全图，优先提取特征明显的特征点，获取二维坐标；③通过已提取的部分特征点适当分割图像，减小提取其他特征点所需遍历的范围，提取所有特征点在该视图上的二维坐标；④根据各特征点在三视图上的二维坐标，建立空间三维坐标系，通过算法运算得出所有特征点的三维坐标。

表2-5　角质颚特征点的定义

特征点	描述	
	上颚	下颚
1	喙的端点	喙的端点
2	颚角所在位置	颚角所在位置

续表

特征点	描述	
	上颚	下颚
3	翼部与侧壁前端连接处	肩部最大弯曲处
4	翼部与侧壁背部交点	与1、6点直线平行的翼部相切点
5	头盖最末端	翼部与侧壁腹部交点
6	与1、5点直线平行的头盖相切点	翼部与侧壁背部交点
7	与1、5点直线平行的侧壁相切点	与1、6点直线平行的头盖相切点
8	7、9两点间侧壁内凹点	5、9两点间的侧壁内凹点
9	侧壁顶部最末端	与1、6点直线平行的侧壁相切点
10	脊突最大弯曲处	侧壁顶端最末端

2.2.1.2　研究结果

1. 角质颚轮廓的提取

利用Canny算法对预处理的灰度图进行轮廓识别，分别设置σ值为10、1、0.1和0.01（表2-6）得到不同清晰度的轮廓图（图2-11，图2-12），当σ取值为0.1时得到的上颚和下颚三视图轮廓清晰连续，不存在虚假轮廓，且角质颚色素变化明显的部分清晰可见（图2-13）。

表2-6　σ值对轮廓识别的影响

σ值	描述
10	轮廓较模糊，存在较多虚假轮廓，无法准确识别轮廓
1	轮廓较模糊，存在少许虚假轮廓，无法准确识别轮廓
0.1	轮廓清晰，轮廓较平滑，易标定特征点
0.01	轮廓清晰，轮廓较粗糙，不易标定特征点

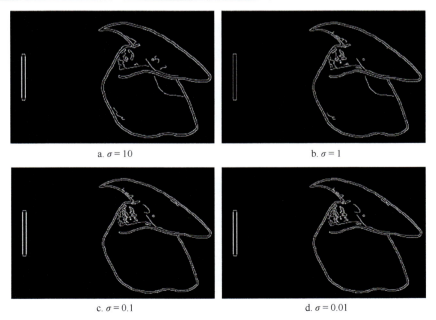

a. $\sigma = 10$　　　　　　　　　　　b. $\sigma = 1$

c. $\sigma = 0.1$　　　　　　　　　　　d. $\sigma = 0.01$

图2-11　σ取值不同的角质颚轮廓识别结果图

图中柱状形状表示比例尺，长度为1cm

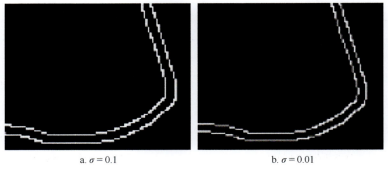

a. σ = 0.1　　　　b. σ = 0.01

图2-12　σ取值为0.1和0.01的角质颚轮廓识别放大图

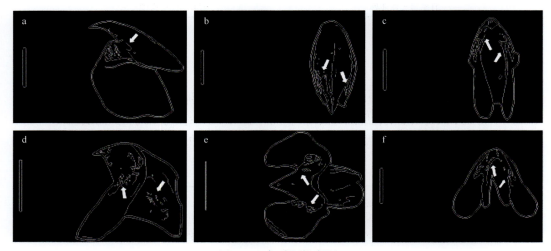

图2-13　角质颚轮廓图

a、b、c分别为上颚三视图的轮廓图；d、e、f分别为下颚三视图的轮廓图。其中，黑色线条为比例尺（1cm），白色箭头所指为角质颚色素变化明显部位

2. 角质颚特征点提取

根据上颚和下颚特征点标定的定义与标定图（表2-7，图2-14），结合上颚和下颚三视图（图2-10），将标定的特征点显示于三维空间坐标系中，由于一些特征点在空间中形成的是对称点，因此存在两个坐标，须用不同编号加以区分（图2-15）。上颚2、3和7特征点存在对称点，下颚2、3、4和9特征点存在对称点。根据得到的上颚和下颚特征点空间坐标系进行编程运算，得到样本每个特征点的空间坐标（表2-8）。

表2-7　角质颚特征点标定的定义

特征点	描述	
	上颚	下颚
1	头盖与喙部呈"V"字形的最左端	头盖与喙部呈"V"字形的最左端
2	喙部与翼部呈"U"字形的最右端	喙部与翼部呈"U"字形的最右端
3	翼部与侧壁边缘上，距离4点和翼部轮廓上末端的有效像素点连线最近的点	翼部边缘上，最左端的点
4	头盖与侧壁背部边缘5、9两点间，开口向右的"U"字形边缘上，最左端的点	翼部边缘上，距离1～6点连线最远的点

特征点	描述	
	上颚	下颚
5	头盖边缘上，最右端的点	翼部与侧壁腹部边缘上，开口向下的"U"字形边缘上，最上端的像素点
6	头盖边缘上，距离 1～5 点连线最远的点	头盖边缘上，固定范围内邻近点向右下衍生的点中，与邻近点垂直距离变化最大的点
7	侧壁边缘上，距离 1～5 点连线最远的点	头盖边缘上，距离 1～6 点连线最远的点
8	侧壁边缘 7、9 两点间，开口向下的"U"字形边缘上，最上端的点	侧壁边缘上，距离 5～9 点连线最远的点
9	侧壁边缘上，最右下端的点	侧壁边缘上，最右下端的点
10	侧壁背部边缘上，距离 4～9 点连线最远的点	侧壁背部边缘上，固定范围内邻近点向右下衍生的点中，最右端的点

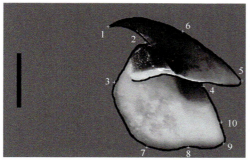

上颚特征点标定　　　　　　　　　　　　下颚特征点标定

图2-14　角质颚特征点标定图

1～10为特征点；黑色线条表示比例尺（1cm）

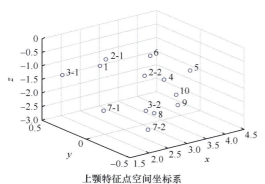
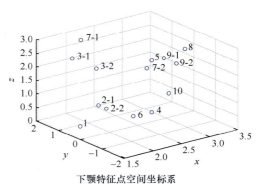

上颚特征点空间坐标系　　　　　　　　　　下颚特征点空间坐标系

图2-15　上颚和下颚特征点空间坐标系

表2-8　角质颚特征点坐标

特征点	上颚坐标			特征点	下颚坐标		
	x	y	z		x	y	z
1	1.871	0.000	−0.439	1	1.473	0.000	0.489
2-1	2.532	0.221	−0.734	2-1	1.870	0.178	0.995
2-2	2.532	−0.221	−0.734	2-2	1.870	−0.178	0.995

续表

特征点	上颚坐标			特征点	下颚坐标		
	x	y	z		x	y	z
3-1	1.978	0.476	−1.475	3-1	1.547	0.552	2.770
3-2	1.978	−0.476	−1.475	3-2	1.547	−0.552	2.770
4	3.554	0.000	−1.540	4-1	2.072	1.516	2.842
5	4.237	0.000	−1.439	4-2	2.072	−1.516	2.842
6	3.187	0.000	−0.525	5	2.748	0.000	2.266
7-1	2.547	0.252	−2.676	6	2.418	0.000	0.370
7-2	2.547	−0.252	−2.676	7	2.748	0.000	0.338
8	3.288	0.000	−2.676	8	3.338	0.000	2.381
9	3.914	0.000	−2.597	9-1	3.076	0.292	2.076
10	3.871	0.000	−2.209	9-2	3.076	−0.292	2.076
				10	3.054	0.000	0.875

2.2.1.3　讨论与分析

1. 角质颚轮廓的提取

由角质颚轮廓图可知，利用Canny算法不仅可以提取清晰的角质颚轮廓，还可以显示角质颚色素变化明显的部分（林静远等，2020）。由σ取值的变化可以看出，选取合适的σ值对于角质颚轮廓的提取有着重要作用。σ值过大容易造成存在虚假轮廓，以及轮廓模糊的问题；σ值过小时，图片的变化较小，放大后可看到提取的轮廓不够平滑（图2-12），对于特征点的提取容易造成误差（陈宏希，2006；陈楠桦等，2018），因此选取合适的σ值可以得到清晰的轮廓，并且可以提高特征点提取的准确性。

利用MATLAB软件运行Canny算法是为了获取图像的最优轮廓（周志宇等，2008）。利用计算机视觉技术对头足类角质颚形态特征进行识别，角质颚轮廓的细微区别可用于头足类种类和群体的判别（陈芃等，2015）。计算机视觉技术的便捷性和准确性将大幅度促进头足类角质颚形态学的应用研究。

2. 角质颚特征点提取

本书依据地标点的定义对特征点进行标定，并结合角质颚三视图得到上颚和下颚特征点的空间坐标系，并提取各特征点的三维空间坐标。特征点的三维空间坐标不仅可以用于角质颚形态学参数的提取，还可以用于头足类种群判别与种类鉴定等研究（马迪等，2018）。

在提取特征点的过程中发现，对于切点的提取尤为关键，需要结合已知的特征点进行切线运算。切点的提取需要进行迭代遍历，遍历的最小单位为1/10个像素点（李慧敏和张之江，2017），通过不断迭代寻找到距离切线最远的点，即切点。利用计算机视觉技术对轮廓进行运算分析，确定每个特征点的位置和坐标，提高了寻找特征点的效率和确定特征点位置坐标的准确性。因此，利用计算机视觉技术进行角质颚特征点的提取是切实可行的新方法，为后续利用计算机视觉技术进行角质颚形态学研究打下了基础。

2.2.2　头足类角质颚的形态学参数测量

在上一小节的研究分析中成功提取了头足类角质颚的轮廓与特征点，本小节在此基础上根据角质颚三视图获取的角质颚特征点及空间坐标系，从计算机视觉技术的角度估算角质颚的形态学参数，并与传统的方法进行比较，以评估基于计算机视觉技术测量角质颚形态的准确性、优越性，为头足类角质颚参数的测量提供新方法，同时还将大幅度促进角质颚形态学参数在头足类种群判别与种类鉴定等领域的广泛应用。

2.2.2.1　材料与方法

1. 数据来源

实验样本为2019年1～2月在印度洋海域进行渔业资源调查时所获得的10尾大小相近的鸢乌贼，采集海域为17°4′N～17°18′N、61°2′E～61°35′E，将样本冷冻保存后带回实验室提取角质颚并进行形态学测定。

2. 角质颚的手动测量

利用游标卡尺对角质颚形态学参数进行手动测量（图2-16）：上头盖长（upper hood length，UHL）、上脊突长（upper crest length，UCL）、上喙长（upper rostrum length，URL）、上翼长（upper wing length，UWL）、上侧壁长（upper lateral wall length，ULWL）、下头盖长（lower hood length，LHL）、下脊突长（lower crest length，LCL）、下喙长（lower rostrum length，LRL）、下翼长（lower wing length，LWL）、下侧壁长（lower lateral wall length，LLWL）。游标卡尺的精确度为0.02mm。每个角质颚样本分别重复测量10次进行分析。

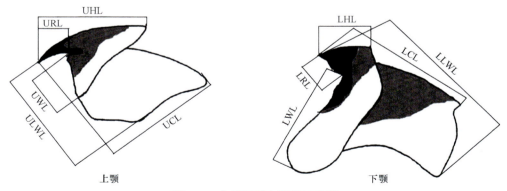

图2-16　角质颚径向测量示意图

3. 角质颚计算机视觉技术测量

（1）利用自制拍摄装置对每个角质颚进行三视图获取，对所获得的三视图进行轮廓提取，分别得到上颚和下颚三视图的边缘轮廓图。

（2）根据得到的边缘轮廓图提取上颚和下颚的特征点（薛延学等，2004），获取上颚和下颚各10个特征点的位置及空间坐标。

（3）依据空间坐标计算空间距离（徐阳，2019），获取角质颚各形态学参数，计算机精确度与像素精确度和亚像素有关，本书计算机精确度为0.001mm。

（4）对每个角质颚样本调整位置和角度拍摄10组不同的三视图，重复步骤（2）、（3）。

（5）10个角质颚样本重复以上步骤。

以上步骤均通过MATLAB软件编程完成。

4. 数据分析

（1）异常值检验。采用格鲁布斯检验对以上两种方法得到的每个角质颚样本形态学参数进行正态分布异常值检验，剔除异常值，其计算公式（潘仁瑾，1996）如下：

$$T = \frac{|x_i - \bar{x}|}{S}$$

式中，x_i是每个样品每次的测定值；$\bar{x}$是每个样本10次测定值的算术平均值；S为样本标准差，显著水平为0.05。

（2）准确度计算。利用绝对误差和相对误差比较两种方法测量值的准确度，计算公式（钱政等，2008）如下：

$$e = |x_i - \bar{x}|$$

$$e_r = \frac{e}{\bar{x}} \times 100\%$$

式中，e是绝对误差；e_r是相对误差。

为了方便比较两种方法的测量结果，本书采取平均绝对误差$\bar{e}$和平均相对误差$\bar{e}_r$进行分析，计算公式如下：

$$\bar{e} = \frac{e_1 + e_2 + \cdots + e_{10}}{10}$$

$$\bar{e}_r = \frac{e_{r1} + e_{r2} + \cdots + e_{r10}}{10}$$

式中，e_1、e_2、$\cdots$、e_{10}表示每个样本每次测量结果的绝对误差；e_{r1}、e_{r2}、$\cdots$、e_{r10}表示每个样本每次测量结果的相对误差。

绝对误差是反映测量值偏离真值的大小程度，误差单位和测量值单位相同。绝对误差越小，表明测量值偏离真值越小，准确度越高（黄红珍，2003）。而相对误差更能反映测量值的可信程度，表明测量值与准确值的逼近程度，代表绝对误差在真值中所占的百分率，本小节采用相对误差为5%的标准进行评价，相对误差越小，则代表测量值偏离真值越小，准确度越高（孙炳全，1998）。

利用标准差S和离散系数C.V可比较两种方法测量值的精密度，计算公式（成正维，2004；王超，2010）如下：

$$S = \sqrt{\frac{\sum_{i=1}^{n}(x_i - \bar{x})^2}{n-1}} \quad (i=1, 2, 3\cdots)$$

$$C.V = \frac{S}{\bar{x}} \times 100\%$$

式中，n为样本容量；S为样本标准差；C.V为样本离散系数。

标准差反映测量值的离散程度，与测量值的单位相同，标准差越小，表示数据越聚集于真实值附近，精密度越高，反之则表示数据越分散，精密度越低；离散系数越大，离散程度越大，表明数据的平均数代表性差，即数据远离平均值，精密度较低，反之则表示离散程度越小，数据的平均数代表性好，精密度较高（马立富，2005）。

2.2.2.2　结果

1. 格鲁布斯检验

格鲁布斯检验结果表明，手动测量与计算机视觉技术测量的7号角质颚样本数据$T_{UHL} > T_{表}$、$T_{UCL} > T_{表}$（表2-9，表2-10），故而判断7号角质颚样本数据属于异常数据，将其剔除。

表2-9　手动测量角质颚形态学参数进行格鲁布斯检验的结果　（单位：mm）

参数（mm）	UHL	UCL	URL	ULWL	UWL	LHL	LCL	LRL	LLWL	LWL
1	0.12	0.34	1.85	2.26	0.15	0.08	0.44	0.03	0.06	1.18
2	0.19	0.30	0.06	1.46	0.46	1.21	0.87	0.85	0.01	0.90
3	0.13	0.91	0.87	0.34	0.23	0.64	0.62	1.18	0.90	0.35
4	0.28	0.04	0.84	0.04	0.79	0.18	0.48	0.78	0.66	0.15
5	0.97	1.02	0.63	0.72	0.76	0.44	1.05	0.77	1.92	1.15
6	0.82	0.40	0.26	0.30	0.67	0.25	0.23	0.85	0.68	0.02
7	2.44	2.36	1.42	0.92	1.88	1.64	2.20	1.95	1.76	1.96
8	1.04	0.90	0.82	0.33	1.39	1.11	0.92	0.89	0.11	0.35
9	0.33	0.46	0.61	0.04	0.28	1.46	0.72	0.42	0.36	0.66
10	0.22	0.32	0.72	0.03	1.21	0.83	0.12	0.34	0.53	0.92

表2-10　计算机视觉技术测量角质颚形态学参数进行格鲁布斯检验的结果

参数（mm）	UHL	UCL	URL	ULWL	UWL	LHL	LCL	LRL	LLWL	LWL
1	0.12	0.33	0.53	1.68	0.15	0.68	0.49	0.16	0.64	0.27
2	0.07	0.06	0.04	1.17	0.49	0.46	0.54	0.02	0.68	2.34
3	0.36	0.68	0.07	0.64	0.50	0.41	0.95	1.56	1.13	0.20
4	0.23	0.20	0.45	0.07	0.25	0.06	0.23	0.16	0.27	0.55
5	0.88	0.81	1.36	0.88	0.83	0.30	0.44	0.94	0.15	0.70
6	0.21	0.09	0.58	0.40	2.07	0.06	0.32	1.18	0.91	1.05
7	2.67	2.71	2.11	1.79	1.69	2.26	1.50	1.06	1.33	0.85
8	0.86	0.51	0.72	0.35	0.12	1.63	1.76	1.64	0.97	0.65
9	0.16	0.13	0.60	0.21	0.41	0.48	1.21	0.47	0.27	0.37
10	0.21	0.25	0.96	0.14	0.57	0.02	0.58	0.36	1.76	0.39

2. 角质颚形态学参数

将每个样本分别进行了10次手动测量和计算机视觉技术测量的角质颚形态学参数的算术平均值进行列表，结果如表2-11、表2-12所示。

表2-11　手动测量角质颚形态学参数的算术平均值结果

参数（mm）	UHL	UCL	URL	ULWL	UWL	LHL	LCL	LRL	LLWL	LWL
1	19.70	25.28	9.61	26.81	6.53	5.85	12.71	6.73	17.00	12.74
2	19.53	23.57	7.21	12.63	6.05	4.87	10.91	6.02	16.85	9.74
3	19.68	22.00	5.95	16.67	6.23	6.48	11.25	5.76	14.02	10.53
4	20.68	24.50	5.98	17.78	5.79	6.08	12.76	7.33	18.86	10.81
5	17.66	21.70	6.27	15.32	5.81	5.53	10.67	6.09	10.88	9.38
6	18.02	23.32	6.77	16.84	6.94	5.70	11.78	7.38	14.69	11.08
7	17.50	22.02	6.01	16.71	5.32	4.95	10.85	5.99	17.15	10.53
8	20.79	25.58	6.29	18.11	6.19	7.19	13.09	7.04	17.92	11.99
9	20.53	25.23	8.09	17.82	7.36	5.20	11.93	6.43	18.47	9.70

注：表中每个数据是每个样本经过 10 次测量所得的算术平均值。

表2-12　计算机视觉技术测量角质颚形态学参数的算术平均值结果

参数（mm）	UHL	UCL	URL	ULWL	UWL	LHL	LCL	LRL	LLWL	LWL
1	20.152	23.115	7.235	23.245	5.780	6.198	12.686	6.276	17.611	12.231
2	20.295	23.869	6.663	15.529	7.027	6.298	11.686	6.078	17.512	8.449
3	19.450	22.133	6.705	16.976	5.107	6.321	11.294	7.696	16.420	12.123
4	21.224	24.635	6.079	18.507	6.573	6.543	12.437	6.267	18.508	12.642
5	17.884	21.760	5.009	16.322	4.462	6.651	11.782	5.141	18.811	10.814
6	19.885	23.799	5.920	17.610	4.085	6.540	11.898	4.893	16.956	13.354
7	17.949	22.594	5.766	17.766	6.326	5.768	10.516	4.424	21.539	10.885
8	20.026	23.672	5.903	19.288	6.886	6.732	13.375	6.584	18.514	12.370
9	19.878	23.341	7.744	18.311	7.194	6.521	12.768	6.476	23.469	12.407

注：表中每个数据是每个样本经过 10 次测量所得的算术平均值。

将测得的10个样本的数据都进行平均绝对误差、平均相对误差、标准差以及离散系数的计算，以1号样本为例列出平均绝对误差、平均相对误差、标准差以及离散系数的计算结果，结果如表2-13所示。

表2-13　1号样本手动测量与计算机视觉技术测量角质颚形态学参数结果分析

参数	手动测量数据				计算机视觉技术测量数据			
	平均绝对误差（mm）	平均相对误差（%）	标准差（mm）	C.V₁（%）	平均绝对误差（mm）	平均相对误差（%）	标准差（mm）	C.V₂（%）
UHL	0.34	1.64	0.44	2.09	0.262	1.291	0.329	1.621
UCL	0.27	1.08	0.34	1.39	0.355	1.482	0.448	1.871
URL	0.18	2.75	0.23	3.59	0.085	1.386	0.109	1.777

续表

参数	手动测量数据				计算机视觉技术测量数据			
	平均绝对误差（mm）	平均相对误差（%）	标准差（mm）	C.V₁（%）	平均绝对误差（mm）	平均相对误差（%）	标准差（mm）	C.V₂（%）
ULWL	0.44	2.57	0.63	3.71	0.324	1.693	0.379	1.979
UWL	0.17	2.80	0.24	4.09	0.106	1.847	0.139	2.419
LHL	0.18	3.39	0.22	4.12	0.100	1.807	0.127	2.300
LCL	0.43	2.43	0.53	2.97	0.111	2.377	0.156	0.855
LRL	0.21	3.75	0.27	4.75	0.078	1.508	0.114	2.199
LLWL	0.44	3.64	0.51	4.22	0.159	1.255	0.200	1.585
LWL	0.31	3.22	0.39	4.11	0.101	0.934	0.134	1.238

注：由于两种测量方法的精确度不同，因此测量结果有效数字不同。$C.V_1$ 表示手动测量结果的离散系数，$C.V_2$ 表示计算机视觉技术测量结果的离散系数。

比较分析显示，除UCL之外，其余角质颚形态学参数的平均绝对误差和平均相对误差均为计算机视觉技术测量结果小于手动测量结果（图2-17，图2-18），分析平均相对误差可知，手动测量结果与计算机视觉技术测量结果均小于5%（图2-18），因此测量结果均准确可靠，但计算机视觉技术测量的角质颚形态学参数结果偏离真值的程度更小，准确度更高。

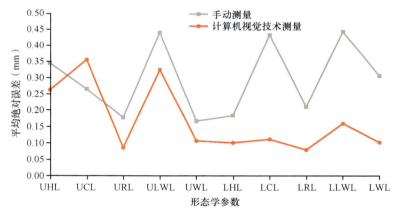

图2-17　手动测量与计算机视觉技术测量的角质颚形态学参数的平均绝对误差比较

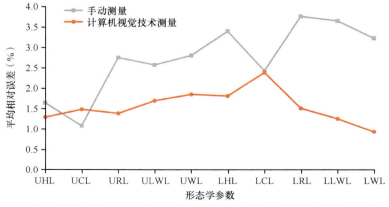

图2-18　手动测量与计算机视觉技术测量的角质颚形态学参数的平均相对误差比较

比较分析显示，除UCL之外，其余角质颚形态学参数的标准差和离散系数均为计算机视觉技术的测量结果小于手动测量结果（图2-19，图2-20），表明计算机视觉技术测量的角质颚形态学参数离散程度更小，测量结果更加聚集于真实值附近，精密度更高。

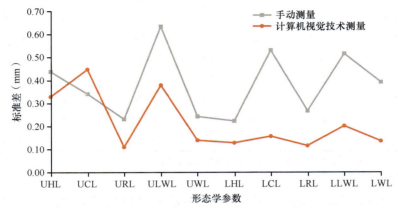

图2-19　手动测量与计算机视觉技术测量的角质颚形态学参数的标准差比较

图2-20　手动测量与计算机视觉技术测量的角质颚形态学参数的离散系数比较

2.2.2.3　讨论与分析

1. 准确度分析

准确度是指观测值或估计值与真值的接近程度，由于任何测定都不可避免地带有误差，因此通过测定不能获得真值，只能获得近似真值，当误差较小时，多次平行测定的平均值接近真值（贺仁睦，2000）。本小节将每个样本进行10次测量的算术平均值作为近似真值进行分析，通过分析手动测量和计算机视觉技术测量两种方法对每个样本进行10次测量所得的形态学参数的算数平均值、平均绝对误差、平均相对误差可知，两种测量方法的算术平均值相差较小，平均相对误差都小于5%，按照统计学的评价标准（周明昌，2004），其测量结果都是准确可靠的（张红川，2012）。分析比较两组数据的平均绝对误差以及平均相对误差可知，除UCL之外，利用计算机视觉技术测量的角质颚形态学参数的平均绝对误差和平均相对误差更小，其测得的数据结果更加逼近真值，偏离真值的程度更小，准确度更高。

综上，计算机视觉技术测量和手动测量角质颚形态学参数的方法都是准确可行的，所获取的数据均准确可靠，可供研究使用（朱朝晖和李涛，2006），但计算机视觉技术测量所得的结果偏离真值程度更小，准确度更高。因此，建议将计算机视觉技术作为一种新的头足类角质颚形态学参数的测量方法推广运用。

2. 精密度分析

精密度是指在同一条件下进行测定，多次重复测定值之间彼此相符合的程度，往往用标准差以及离散系数来度量。数据的离散程度越大，则数据越分散，数据的标准差和离散系数越大，精密度越小（Mchorney et al.，1992）。分析手动测量和计算机视觉技术测量两种方法测量结果的标准差以及离散系数，除UCL之外，计算机视觉技术测量结果的标准差和离散系数都更小，表明利用计算机视觉技术进行多次重复测定所得的结果更加聚集在真实值附近，离散程度更小，精密度更高（赵恒和杨万海，2003；余少雄，2016）。

综上，利用计算机视觉技术进行角质颚形态学参数的提取不但准确可靠，而且离散程度更小，所测结果更加聚集于真实值附近，精密度更高。因此，将头足类角质颚形态学的研究与计算机视觉技术相结合不仅能实现角质颚形态学研究的自动化，更能提供一种新的更为准确精密的研究方法（刘必林和陈新军，2009）。

3. 误差分析

在进行异常值检验时，将7号样本的检验结果作为异常数据进行了剔除，原因可能是7号样本的头足类个体与其他样本差异较大，导致其角质颚样本出现差异，故而角质颚形态学参数与其他样本不同。依据算术平均值分析可知，手动测量和计算机视觉技术测量两种方法所得结果的算术平均值从十分位上开始出现差异，其原因是手动测量时存在人为误差，无法准确测量到每一个特征点的位置，使得所测结果与计算机标定的各特征点计算结果出现了差异。形态学参数UCL的平均绝对误差、平均相对误差、标准差和离散系数的计算机视觉技术测量结果大于手动测量结果可能有以下四种原因。①畸变：所有依靠光学成像的照相机都会产生一定程度的畸变（贾谊和许建辉，2013），对已经畸变的图像进行计算机视觉技术测量会产生误差，导致计算机视觉技术测量的准确度和精密度降低。②透视：由于成像时近大远小及角质颚侧壁透明度较高等因素，拍摄时角质颚的两侧边缘无法重合，因此两侧边缘错开，在进行计算机视觉技术测量时会产生误差。③拍摄视角：拍摄角质颚的角度不同或者角质颚摆放出现偏差，会导致获得的三视图错开，从而产生误差，降低计算机视觉技术测量的准确度和精密度。④特征点位置：由于角质颚侧壁透明度较高且拍摄时上脊突的特征点刚好与桌面重合，进行计算机视觉技术测量时无法区分映像和桌面，因此对于形态学参数UCL的提取出现偏差。

综上所述，计算机视觉技术测量角质颚形态学参数相较于传统手动测量准确度、精密度更高（王平等，2003），但计算机视觉技术在进行角质颚形态学参数测量时还存在一些问题，需要改进编程算法，使其更加准确精密。

4. 讨论

基于以上分析不难看出，基于计算机视觉技术的角质颚形态学参数提取是一种全新的方法，使得头足类角质颚的研究更加趋向自动化与信息化，角质颚形态学参数的提取也会变得更加精确、更加科学（郭超，2017）。但编程的不完全成熟，考虑特征点的选取方面不够完善等因素，导致角质颚形态学参数测量过程中出现一些误差，造成某些参数的精密度不够高，离散程度偏大。因此，在今后的研究中还需要进一步完善改进编程算法，使得测量的角质颚形态学参数更为准确与精密。此外，角质颚图像拍摄的清晰度对研究结果也会造成影响，故在利用计算机视觉技术对角质颚形态学参数进行测量时，还需要保证所获得的角质颚图像达到一定的要求，使得图像噪声较小，以便准确地选定特征点。本章的研究表明计算机视觉技术在头足类角质颚形态学研究中前景可期，期待未来会有越来越多的学者将计算机视觉技术与角质颚形态学的研究相结合，这不仅可以提高研究结果的准确性与精密性，还可以大大缩短研究时间。

第3章
渔业生物形态轮廓信息自动提取分析

　　形态轮廓特征是鱼类识别和分类极为重要的科学依据。在国内，早期的鱼类分类学主要是通过分析鱼类形态特征进而实现鱼类的识别和分类，如朱元鼎和郑文莲（1958）通过调查我国南海鲹科鱼类，利用鱼类形态特征研究分析发现2个新种。孟庆闻（1982a）通过观察7种鱼类仔鱼的形态特征差异变化，研究常见仔鱼的早期发育形态等。长期以来，专家学者通过人为方式采用定性分析（陈新军等，2019）和定量分析（刘必林和陈新军，2010；许巍等，2020）的研究手段对鱼类进行识别和分类研究（欧利国和刘必林，2019，2020；欧利国等，2021a），在鱼类生物相关研究领域取得了较好的成效（刘建康和曹文宣，1992；陈新军，2001）。但是随着科技的进步与发展，人工智能时代到来，鱼类的识别和分类应用技术需要进一步发展，以构建信息化和智能化相结合的现代分类体系（Siddiqui et al.，2018）。由于计算机视觉技术能自动获取鱼类图像中的相关生物学信息（张志强等，2011；谢忠红等，2016；Alsmadi and Almarashdeh，2022），其为鱼类自动分类提供了实现的途径。

　　鱼类形态轮廓特征的自动提取是现代化鱼类识别和分类的重要组成部分。自动识别鱼类（张志强等，2011；谢忠红等，2016）主要是通过计算机视觉技术对鱼类的各种性状特征进行提取，其性状特征的提取效果尤其重要，最终直接影响识别的精确度。而鱼类形态轮廓特征具有显著的鱼种特异性（朱元鼎等，1963；陈大刚和张美昭，2015），在对鱼类分类过程中具有非常直观和形象的特点（朱元鼎和郑文莲，1958；孟庆闻，1982b），因此，研究鱼类形态轮廓特征的自动提取不仅有利于实现鱼类的自动识别和分类，还有助于推动鱼类生物智能化研究的快速发展。本章利用计算机视觉技术的不同形态轮廓提取技术对金枪鱼的形态轮廓进行自动提取分析，并进一步分析提取过程和效果。

3.1　图像处理与椭圆傅里叶变换分析金枪鱼形态轮廓信息

　　本节以大眼金枪鱼的二维图像为例，研究其形态轮廓特征自动提取的效果，通过计算机视觉技术对金枪鱼图像进行预处理并得到形态轮廓，提取其形态轮廓的链码（chain code）信息，利用椭圆傅里叶变换（elliptic Fourier transform，EFT）计算出金枪鱼形态轮廓信息的椭圆傅里叶描述子（elliptic Fourier descriptor，EFD）系数，再对金枪鱼形态进行轮廓重建，分析形态系数和轮廓重建各自与谐次变化的关系，从而分析其自动提取效果。

3.1.1 材料与方法

3.1.1.1 材料

以大眼金枪鱼（*Thunnus obesus*）为研究对象，对1尾大眼金枪鱼的二维图像进行处理并保存为宽度600像素、高度287像素的JPEG文件格式（图3-1）。此外，把原彩色图像缩小为宽度300像素、高度144像素的JPEG文件格式。

图3-1　大眼金枪鱼的二维图像

3.1.1.2 金枪鱼形态轮廓特征自动提取

利用计算机视觉技术对金枪鱼形态轮廓特征的自动提取过程主要包括：图像预处理、链码信息自动提取、形态轮廓系数自动提取和形态轮廓重建（图3-2）。

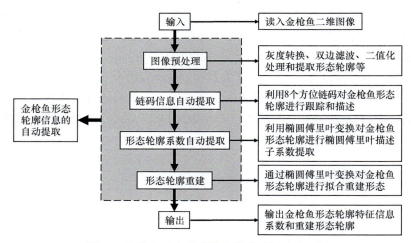

图3-2　金枪鱼形态轮廓信息的自动提取流程图

1. 图像预处理

通过计算机视觉的图像处理技术（Open CV库）对大眼金枪鱼二维图像进行预处理，对金枪鱼图像进行灰度转换，将原图像的RGB颜色空间转换为灰度空间，其公式（黄鹤等，2021）为

$$Gray=0.229R+0.587G+0.114B \tag{3-1}$$

式中，Gray 为金枪鱼图像灰度空间像素点的灰度值；R、G、B分别表示原彩色图像像素点各通道像素值。

对金枪鱼灰度图像进行双边滤波处理，其公式（梁广顺等，2015）为

$$BF[I]=\frac{1}{\omega}\sum_{j\in N}G_{\sigma_d}(j-i)G_{\sigma_r}(I_j-I_i)I_i \tag{3-2}$$

式中，BF 表示双边滤波；i 为待求的像素；N 表示图像 I 中以像素 i 为中心的方形邻域；j 表示邻域中的任一像素；ω 是一个标量，为归一化函数；G_{σ_d} 是一个用来减弱远距离像素影响的空间邻近度函数；G_{σ_r} 是一个用来减少对像素点 i 灰度差异太大的像素点 j 的影响的灰度相似度函数。

再对金枪鱼二维图像进行二值化处理，使得图像中的金枪鱼显示为白色，背景则显示为黑色。之后，通过轮廓查找函数发现金枪鱼形态轮廓并提取轮廓图像。

2. 链码信息自动提取

通过计算机视觉技术对金枪鱼形态轮廓特征链码信息进行自动提取，链码信息提取方法参考相关链码研究（Freeman，1974；王竞雪等，2014；Kuhl and Giardina，1982），基于 Freeman 链码的 8 个方位对金枪鱼形态轮廓边缘信息进行跟踪和描述，得到相应的形态轮廓边缘链码串信息（Kuhl and Giardina，1982）。其中，Freeman 链码跟踪和描述的是相邻两个像素连线的方位值。对于鱼类形态轮廓边缘利用 8 个不同的基本方位链码（图 3-3），分别以 0、1、2、3、4、5、6、7 的链码值表示，并以逆时针方向对方

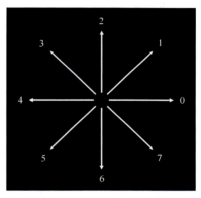

图 3-3　8 个方位链码图

位码进行鱼类形态轮廓信息链码提取。通过 8 个方位的链码分别得到图像宽度为 600 像素和高度为 287 像素的链码串，以及图像宽度为 300 像素和高度为 144 像素的链码串。

3. 形态轮廓系数自动提取和形态轮廓重建

形态轮廓特征自动提取通过椭圆傅里叶变换实现，它可用于描绘闭合二维轮廓的任何类型的形状（欧利国，2020）。该方法由 Kuhl 和 Giardina（1982）提出，可使用该方法计算出金枪鱼形态轮廓信息的椭圆傅里叶描述子系数来分析形态特征。

通过金枪鱼形态轮廓特征的链码信息进行椭圆傅里叶变换，并自动提取金枪鱼形态轮廓信息数据的归一化 EFD 系数，其投影在 x 轴和 y 轴上的闭合金枪鱼轮廓的椭圆傅里叶级数近似公式为

$$X_N(t)=A_0+\sum_{n=1}^{N}a_n\cos\frac{2n\pi t}{T}+b_n\sin\frac{2n\pi t}{T} \tag{3-3}$$

$$Y_N(t)=C_0+\sum_{n=1}^{N}c_n\cos\frac{2n\pi t}{T}+d_n\sin\frac{2n\pi t}{T} \tag{3-4}$$

根据该方法的相关研究（Kuhl and Giardina，1982），椭圆傅里叶变换的每个谐次的

4个系数 a_n、b_n、c_n、d_n 分别为

$$a_n = \frac{T}{2n^2\pi^2} \sum_{p=1}^{K} \frac{\Delta x_p}{\Delta t_p} \left[\cos\frac{2n\pi t_p}{T} - \cos\frac{2n\pi t_{p-1}}{T} \right] \tag{3-5}$$

$$b_n = \frac{T}{2n^2\pi^2} \sum_{p=1}^{K} \frac{\Delta x_p}{\Delta t_p} \left[\sin\frac{2n\pi t_p}{T} - \sin\frac{2n\pi t_{p-1}}{T} \right] \tag{3-6}$$

$$c_n = \frac{T}{2n^2\pi^2} \sum_{p=1}^{K} \frac{\Delta y_p}{\Delta t_p} \left[\cos\frac{2n\pi t_p}{T} - \cos\frac{2n\pi t_{p-1}}{T} \right] \tag{3-7}$$

$$d_n = \frac{T}{2n^2\pi^2} \sum_{p=1}^{K} \frac{\Delta y_p}{\Delta t_p} \left[\sin\frac{2n\pi t_p}{T} - \sin\frac{2n\pi t_{p-1}}{T} \right] \tag{3-8}$$

通过计算机视觉技术的椭圆傅里叶变换对金枪鱼形态轮廓进行重建，重建的轮廓对应于相关谐次的EFD系数。重建轮廓都有椭圆变换轨迹，且金枪鱼形态轮廓的第一个谐次数重建轮廓均是椭圆。

3.1.1.3 数据处理

对大眼金枪鱼二维图像（宽度为600像素，高度为287像素）进行图像预处理，得到灰度转换图像、双边滤波图像、二值化图像、轮廓图像。通过8个方位的链码分别得到图像宽度为600像素和高度为287像素的链码串，以及图像宽度为300像素和高度为144像素的链码串。

自动提取大眼金枪鱼二维图像（宽度为600像素，高度为287像素）的形态轮廓特征系数，将谐次数设置为100并得到归一化系数总共400个，其中 a、b、c 和 d 4个系数各有100个数据。计算每10个谐次的4个系数范围，分析其谐次组间的系数变化范围。对大眼金枪鱼的形态轮廓特征进行谐次变化的可视化重建，分析轮廓重建与谐次变化的关系。对系数与谐次的关系进行分析，分别绘制1～100谐次和21～100谐次的折线关系图，再对1～100谐次的4个系数拟合线性方程。

以上所有数据的分析处理使用Python 3.6.6和Excel 2016软件完成。

3.1.2 结果

3.1.2.1 计算机视觉技术图像处理分析

通过计算机视觉技术先对金枪鱼二维图像进行灰度转换（图3-4a），将原图转变为单通道颜色的灰度图；然后对灰度图进行双边滤波处理（图3-4b）；再对图像进行去噪，并进行二值化处理（图3-4c），使图像变为非黑即白的图像，即金枪鱼形态为白色，背景为黑色；最后对二值化图像进行处理，并提取金枪鱼形态边缘轮廓图像（图3-4d）。

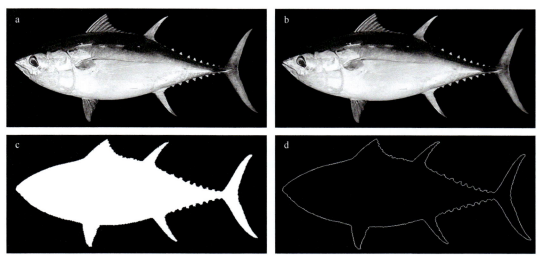

图3-4　计算机视觉技术图像处理

a. 灰度转换；b. 双边滤波；c. 二值化图像；d. 轮廓图像

3.1.2.2　形态轮廓链码信息分析

通过计算机视觉技术的链码信息分析，对金枪鱼形态轮廓的二维图像进行读取，沿着金枪鱼形态轮廓边缘像素进行跟踪。通过放大金枪鱼形态局部轮廓边缘（图3-5）可以看出，金枪鱼形态轮廓边缘是由像素按一定规律排列组成，并利用8个方位的链码可沿着像素点的位置对鱼类形态轮廓边缘方位信息进行准确描述。其中，先对大眼金枪鱼原图（图像大小为宽度600像素和高度287像素）进行提取处理，得到相对应的鱼类形态轮廓的链码信息，再对缩小的大眼金枪鱼图（图像大小为宽度300像素和高度144像素）进行链码信息提取（表3-1）。随着鱼类形态轮廓的二维数字图像像素变小，得到的链码串也会变短。

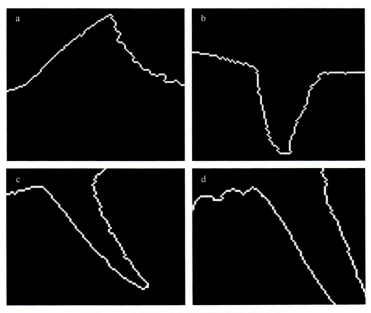

图3-5　金枪鱼形态局部轮廓边缘放大

a. 第1背鳍；b. 腹鳍；c. 臀鳍；d. 尾鳍

表3-1 提取的链码信息

图片尺寸（像素）	链码
宽度为600像素，高度为287像素	3434343434323534343234323434343434343434343434343434343434353434343434343434343434343434343434343434343434343434343434343432323210131012101210101010120101010101010120101010171010101701012071701710101017171701701701312123212121212123123131210131075676767675767675767675707567070170170107070701707017070707010717070171070707017070701212121212121212101212101010101070656565654575656565656545675656565676756565676565767670700157010107670701210757670701170712170176707007121701756756717017121706760707010121017676701207570701017071012012121212121212121212121212121212121212121210101010101710106564565656565656565656565656565656565656565656576565656565656565756565676567567565767575676767676767676767676767757676767676767576767675434343313432323513232323232323232323232323232323232323232323232323435453453434567543454567535345456575453534575764323434567653434343454576543434345454565656345353454545456575435434545456535453356565656756767676767675706767670707117576767176435334323423532353235353434323434234534535654345346535343453454345765434545654565456756456545676765456576575
宽度为300像素，高度为144像素	3235342323553234343434343434343434343434343434343434343434343434343434343234321217120121010101010120101710101717101010101701712371232123123121310121076757676767676701707010701707017017017170701701212101310137101217121015717535635656565656565656576567670701070121767070717010707010577171210707157011716717101067171712121212121212121212121212101217121010107656565656565756565756565656565656756767676767675767675767576767676767676767564343431343134351232313432323232323232323232345435353453635353453453456745345575453567354235356534545656434545634573545765767070767570707534534343234323535312323423573135135134545354545454534545656456565656

3.1.2.3 自动提取形态轮廓特征系数

金枪鱼形态轮廓特征系数自动提取分析结果显示，对金枪鱼形态轮廓特征进行椭圆傅里叶变换，自动提取金枪鱼轮廓的椭圆傅里叶描述子系数，其谐次数从1到100，得到谐次组的形态轮廓特征系数变化范围（表3-2），且得到的系数中$a_1=1$、$b_1=c_1=0$为定值。a、b、c和d 4个系数的1~10谐次组的变化范围的绝对值分别为1.024 81、0.058 64、0.0579和0.460 69；11~20谐次组的变化范围的绝对值分别为0.015 46、0.016 46、0.037 64和0.0263。其中，4个系数的前2个谐次组的变化范围的绝对值均比后面8组的变化范围的绝对值大。

表3-2 谐次组的形态轮廓特征系数变化范围

谐次组	系数			
	a	b	c	d
1~10	−0.024 81 ~ 1	−0.046 67 ~ 0.011 97	−0.025 51 ~ 0.032 39	−0.387 77 ~ 0.072 93
11~20	−0.005 21 ~ 0.010 25	−0.011 66 ~ 0.004 8	−0.022 64 ~ 0.014 99	−0.011 16 ~ 0.015 14
21~30	−0.002 38 ~ 0.001 69	−0.003 66 ~ 0.004 04	−0.001 75 ~ 0.004 54	−0.001 66 ~ 0.004 37
31~40	−0.001 38 ~ 0.000 65	−0.001 89 ~ 0.001 48	−0.001 67 ~ 0.001 32	−0.000 97 ~ 0.001 51
41~50	−0.001 19 ~ 0.000 84	−0.001 06 ~ 0.000 54	−0.001 35 ~ 0.001 61	−0.000 61 ~ 0.000 9
51~60	−0.001 27 ~ 0.000 34	−0.000 72 ~ 0.000 91	−0.000 81 ~ 0.000 4	−0.000 41 ~ 0.000 39
61~70	−0.000 62 ~ 0.000 32	−0.000 61 ~ 0.000 63	−0.000 68 ~ 0.000 63	−0.000 34 ~ 0.000 42
71~80	−0.000 47 ~ 0.000 65	−0.000 3 ~ 0.000 54	−0.000 98 ~ 0.001 27	−0.000 21 ~ 0.000 72
81~90	−0.000 71 ~ 0.000 28	−0.000 57 ~ 0.000 76	−0.001 05 ~ 0.001 58	−0.000 41 ~ 0.000 71
91~100	−0.000 5 ~ 0.000 3	−0.000 39 ~ 0.000 32	−0.000 67 ~ 0.000 76	−0.000 51 ~ 0.000 46

注：由于数据进行过舍入修约，因此数值会存在差异。

3.1.2.4　形态轮廓重建的谐次变化

计算机视觉技术的形态轮廓重建分析结果显示，在金枪鱼形态轮廓特征重建可视化过程中，其形态轮廓特征随着谐次数的增加而发生变化，在形态轮廓重建谐次数为100时金枪鱼形态轮廓与实际轮廓更为接近。从1到5谐次的可视化重建可以看出，金枪鱼形态轮廓初步形成，并生成金枪鱼背部、腹部和尾部特征，从6到10谐次的可视化重建中，开始生成第1背鳍、第2背鳍、腹鳍和臀鳍，在谐次数为20时生成的形态轮廓初具鱼种特异性（图3-6）。从80到100谐次的高谐次形态轮廓重建中，金枪鱼形态局部信息发生明显变化，金枪鱼后部靠近鱼尾部分生成背小鳍等形态轮廓特征（图3-7）。

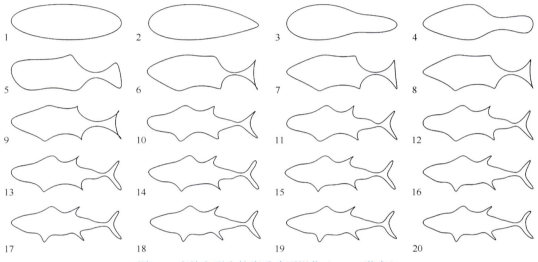

图3-6　金枪鱼形态轮廓重建可视化（1～20谐次）

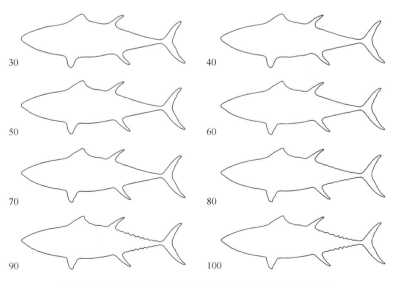

图3-7　金枪鱼形态轮廓重建可视化（30～100谐次）

3.1.2.5　形态轮廓特征系数与谐次的关系

金枪鱼形态轮廓特征系数与谐次的关系分析结果显示，通过谐次（H）变化对 a、b、c、d 4个系数进行线性拟合，从1到100谐次的变化可以看出，从1到20谐次自动提取的金枪鱼形态轮廓特征系数的波动变化较大，其线性关系较为离散，随着谐次不断增加，高谐次的形态轮廓特征系数较小且波动变化较小，线性关系较好（图3-8），形态轮廓特征系数与谐次的关系为

$$a = -0.0008H + 0.0551,\ R^2 = 0.0543 \qquad （图3\text{-}8a）$$
$$b = 0.000\,05H - 0.0034,\ R^2 = 0.0611 \qquad （图3\text{-}8b）$$
$$c = 0.000\,02H - 0.0016,\ R^2 = 0.0136 \qquad （图3\text{-}8c）$$
$$d = 0.0004H - 0.0239,\ R^2 = 0.0533 \qquad （图3\text{-}8d）$$

而在21到100谐次的变化中，金枪鱼形态轮廓特征系数整体呈现明显的波动变化，其波动变化也随着谐次数的增加而减小波动变化（图3-9）。

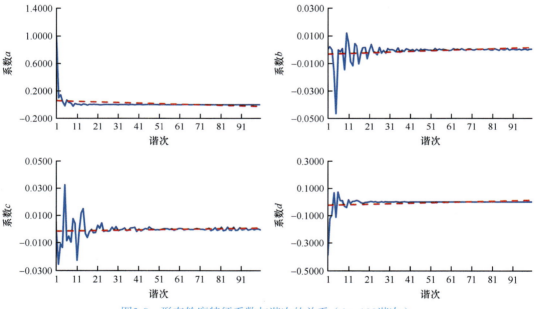

图3-8　形态轮廓特征系数与谐次的关系（1～100谐次）

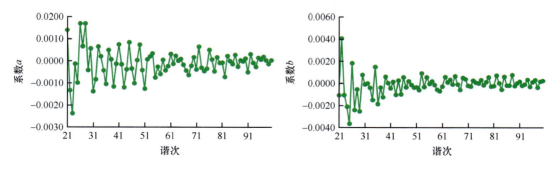

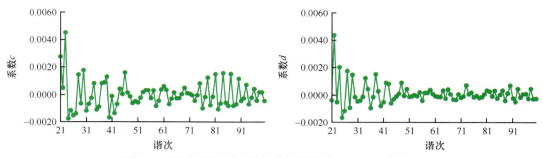

图3-9　形态轮廓特征系数与谐次的关系（21~100谐次）

3.1.3　讨论

3.1.3.1　计算机视觉技术对金枪鱼图像处理的重要性

随着海洋渔业的快速发展，对海洋经济鱼类的数字信息化研究成为智慧渔业发展的重要组成部分（陈新军和许柳雄，2005）。而鱼类识别和分类的作用也越来越重要，海洋鱼类不但种类数量多，而且鱼类的形态变化也丰富多样（国家水产总局南海水产研究所等，1979），有纺锤形、流线形、侧扁形、平扁形、棍棒形等（孟庆闻，1982b），鱼类形态具有很明显的特异性，因此，鱼类形态轮廓特征的提取对鱼类自动分类具有十分重要的意义。

通过计算机视觉技术对金枪鱼二维图像进行自动处理分析，能快速判别出金枪鱼的形态轮廓，并对金枪鱼形态进行精确的轮廓信息获取，从而实现形态轮廓特征的自动提取。本节通过计算机视觉技术把原图像转换成计算机可以识别的图像，首先，对其进行灰度转换，使图像变成像素为0到255的单通道颜色的灰度图，即灰度级为256级的图像。然后，对金枪鱼图像采用双边滤波技术（梁广顺等，2015）进行去噪处理（Levin and Nadler，2011；梁广顺等，2015），有效保护金枪鱼图像形态细节，即在一定程度上保护其形态边缘信息。通过二值化处理把金枪鱼形态从图像中分割出来，可以明显看出金枪鱼形态轮廓特征和整体外形等信息。最后，将金枪鱼形态轮廓边缘提取出来。利用计算机视觉技术对金枪鱼图像的处理（Jordan et al.，2011；梁广顺等，2015）是轮廓特征提取的关键，也是自动提取金枪鱼轮廓的链码信息和形态信息系数的重要前期工作。

3.1.3.2　形态轮廓链码分析的必要性

本节利用计算机视觉技术对金枪鱼形态轮廓特征进行链码分析（Freeman，1961；Kuhl and Giardina，1982），各个链码信息以编码形式组成金枪鱼形态轮廓链码串，并且其形态轮廓边缘的链码串能很好地表示金枪鱼形态轮廓的特异性。在链码信息自动形成过程中，沿着金枪鱼形态轮廓曲线进行跟踪，从扩大的金枪鱼局部轮廓可以看出，每一个链码基于上一个轮廓像素点与下一个轮廓像素点的方位关系而形成（Kuhl and Giardina，1982）。从金枪鱼形态轮廓得到的链码信息发现，其链码串的长短与金枪鱼图像上形态轮廓的大小具有相关性，因此，从计算机视觉技术得到的链码串会随着金枪鱼形态轮廓大小的变化而发生改变。类似的链码信息提取研究（王福斌等，2020）也有与本书相似的结果。虽然链码串变短，但是由于提取链码信息的形态轮廓在缩小过程中整体形态特征未发生变化，因此得到的两个链码串均能较好地对同一个金枪鱼形态轮廓信息进行提取和描绘。

本书作者认为金枪鱼图像大小直接影响链码信息的提取，轮廓信息大小的变化在链码提取的整体鱼类形态轮廓信息上基本保留，不影响对金枪鱼整体形态的分析，但是随着金枪鱼图像的轮廓变小，不仅使链码信息变短，还使金枪鱼形态的局部轮廓信息发生改变。利用计算机视觉技术自动提取金枪鱼形态轮廓链码信息，其轮廓边缘提取效果较好，不但减少了二维图像数据量，而且具有较好的实时性（王福斌等，2019）。因此，链码对金枪鱼轮廓的信息提取是形态轮廓特征自动提取的重要过程之一（邓仕超等，2018）。

3.1.3.3　金枪鱼形态轮廓特征自动提取效果

通过计算机视觉技术对金枪鱼形态轮廓特征进行自动提取，能快速准确地得到形态信息的归一化系数，从其边缘轮廓提取金枪鱼形态信息能较好地表征金枪鱼形态的特异性。在谐次组中，自动提取4个金枪鱼形态轮廓特征系数，其各自的变化范围均随着谐次的增加而发生变化，前2个谐次组的变化范围的绝对值均比后面8组的变化范围的绝对值大，且自动提取的系数中$a_1 = 1$、$b_1 = c_1 = 0$为定值，与其他相关研究（方舟等，2014b）中系数a_1、b_1和c_1为定值一致。

鱼类形态的轮廓重建可视化分析效果较好，则其形态重建能很好地将形态特征提取过程进行具象化表征。椭圆傅里叶变换的第1个轮廓重建为椭圆，其所有重建变换过程均具有椭圆轨迹。由于金枪鱼整体形态较为复杂，重建需要的谐次较高。在对金枪鱼的形态轮廓进行重建时发现，谐次为5时，金枪鱼形态初步形成；谐次为20时，形态轮廓初具鱼种特异性；谐次为100时，形态轮廓与实际形态更为接近。在低谐次变换过程中，鱼类整体各部分变化较大，在高谐次变换过程中，鱼类形态局部发生较大变化。其他形态轮廓重建研究中也具有较为相似的结果（欧利国等，2019）。在计算机视觉技术自动提取的a、b、c、d 4个形态轮廓特征系数与谐次变换的关系中，系数随着谐次的变化而变化。在系数与1到100的谐次变化关系中，前20个谐次的系数波动变化较大且在线性关系中离散程度较大，之后系数波动变化较小，线性关系反之。在除去前20个谐次后，从21到100的谐次变换波动中可以看出，其与1到100的谐次变化关系类似。低谐次的系数具有较大的波动变化，而高谐次的系数波动变化较小。

本书作者认为金枪鱼形态轮廓特征自动提取效果较好，在轮廓重建和形态轮廓特征系数的谐次变化过程中，在低谐次所提取的系数能表征金枪鱼轮廓特征的整体形态变化，而在高谐次所提取的系数可以表征金枪鱼轮廓特征的局部形态变化。通过数形结合分析，可准确验证形态信息的自动提取效果，因此，可实现计算机视觉技术对金枪鱼形态轮廓特征的自动提取。对金枪鱼形态轮廓特征的自动提取是金枪鱼自动分类研究的重要组成部分（Zion et al., 1999），其对推进金枪鱼生物智能化研究起到了重要作用，也为未来的渔业监控电子化和智慧渔业的发展奠定了基础。

3.2　利用VGG16模型的金枪鱼形态轮廓信息自动提取分析

本节以黄鳍金枪鱼的二维图像为例，利用深度卷积神经网络VGG16模型对金枪鱼形态轮廓进行自动提取分析，通过计算机视觉的图像处理技术获得金枪鱼的形态轮廓图像，可视化深度卷积神经网络VGG16模型的所有卷积层和池化层，分析第一个卷积块的第一个卷积层初次提取的形态轮廓信息，进一步分析不同卷积块的不同卷积层和池化层的平均可视化效果，对提取的金枪鱼形态轮廓信息的深度特征数据进行主成分贡献率分析和箱线图分析，进而分析自动提取效果。

3.2.1　材料与方法

3.2.1.1　材料

本节选取100尾黄鳍金枪鱼（*Thunnus albacares*）作为研究对象（图3-10）。海上观察员采集了黄鳍金枪鱼的数字图像。黄鳍金枪鱼在图像中水平居中对齐，对图像进行处理，得到高度为800像素、宽度为800像素的图像，然后以JPEG文件格式保存。

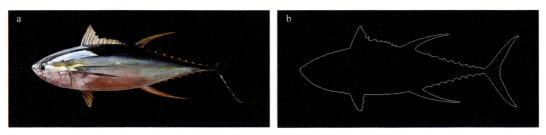

图3-10　黄鳍金枪鱼二维图像
a. 原图；b. 形态轮廓

3.2.1.2　方法

利用VGG16模型对金枪鱼形态轮廓的自动提取过程主要包括：形态轮廓提取、形态轮廓可视化和深度特征数据提取（图3-11）。

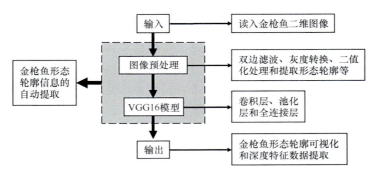

图3-11　金枪鱼形态轮廓信息的自动提取流程图

1. 形态轮廓提取

通过计算机视觉的图像处理技术对黄鳍金枪鱼图像进行预处理，首先，利用双边滤波对黄鳍金枪鱼图像进行处理，使黄鳍金枪鱼的形态边缘信息在处理后保持清晰和平滑，其算法公式（梁广顺等，2015）为

$$BF[I] = \frac{1}{\omega} \sum_{j \in N} G_{\sigma_d}(j-i) G_{\sigma_r}(I_j - I_i) I_i \qquad (3-9)$$

式中，BF表示双边滤波；i为待求的像素；N表示图像I中以像素i为中心的方形邻域；j表示邻域中的任一像素；ω是一个标量，为归一化函数；G_{σ_d}是一个用来减弱远距离像素影响的空间邻近度函数；G_{σ_r}是一个用来减少对像素点i灰度差异太大的像素点j的影响的灰度相似度函数。

随后，对处理后的黄鳍金枪鱼图像进行灰度变换，使3个通道的彩色黄鳍金枪鱼图像变成单通道的灰度图，其算法公式（李晓莎和林森，2019）为

$$Gray(i, j) = 0.299R(i, j) + 0.579G(i, j) + 0.114B(i, j) \qquad (3-10)$$

式中，$R(i, j)$、$G(i, j)$、$B(i, j)$分别是读取彩色黄鳍金枪鱼图像的3个通道的分量值。对灰度变换后的黄鳍金枪鱼图像进行二值化处理（赵世峰和何哲健，2018），使图像的像素点变为0或255的非黑即白图像。

最后，利用计算机视觉库OpenCV的findContours函数和drawContours函数对黄鳍金枪鱼的二值化图像边缘进行形态轮廓提取（度国旭，2020），得到黄鳍金枪鱼的形态轮廓图像（图3-10b）。

2. 形态轮廓可视化和深度特征数据提取

VGG16模型由牛津大学视觉几何组（visual geometry group）提出（左杰格等，2022；孟志超等，2022），该模型是深度学习技术中经典的深度卷积神经网络之一，它由5个卷积块、3个全连接层和1个Soft-max函数输出层构成，其中每个卷积块均有卷积层和池化层，该模型共有13个卷积层和5个池化层。所有隐藏层的激活单元都采用修正线性单元（rectified linear unit，ReLU）非线性激活函数。VGG16模型使用3×3卷积核，它可以减少网络的训练参数，增加网络中的非线性单元，加强卷积神经网络的学习能力（孟志超等，2022）。VGG16模型的3个全连接层具有的神经元个数依次为4096个、4096个和1000个。

通过VGG16模型可视化金枪鱼形态轮廓图像，第一个卷积块的第一个卷积层可视化金枪鱼形态轮廓图像共64张特征图（224×224）。平均可视化所有卷积层和池化层的金枪鱼形态轮廓图像。第一个卷积块的卷积层和池化层图像大小分别为224×224和112×112，第二个卷积块的卷积层和池化层图像大小分别为112×112和56×56，第三个卷积块的卷积层和池化层图像大小分别为56×56和28×28，第四个卷积块的卷积层和池化层图像大小分别为28×28和14×14，第五个卷积块的卷积层和池化层图像大小分别为14×14和7×7。利用深度卷积神经网络VGG16模型对金枪鱼形态轮廓信息进行提取，在全连接层的第二层输出金枪鱼形态轮廓的深度特征数据为4096个。

3.2.1.3　数据处理

通过计算机视觉的图像预处理技术得到黄鳍金枪鱼的形态轮廓图像。将黄鳍金枪鱼形态轮廓图像大小由高度800像素、宽度800像素统一为高度224像素、宽度224像素。利用VGG16模型可视化第一个卷积层的64张特征图，对所有卷积层和池化层的黄鳍金枪鱼形态轮廓图像进行平均可视化，并输出每张图像的深度特征数据，总共为4096个数据，其输出数据为归一化数据，对黄鳍金枪鱼形态轮廓的深度特征数据进行主成分贡献率分析和箱线图绘制。

以上所有数据的分析处理使用Python 3.6.6、SPSS 20.0和Excel 2016软件完成。

3.2.2　结　果

3.2.2.1　第一个卷积层的金枪鱼形态轮廓可视化

通过第一个卷积块的第一个卷积层可视化分析，发现VGG16模型的初次卷积过程能很好地获取金枪鱼形态轮廓信息。第一个卷积块的第一个卷积层可视化了64张特征图，每张特征图都具有一定的金枪鱼形态轮廓信息（图3-12）。其中，每张特征图的大小是宽224像素和高224像素。

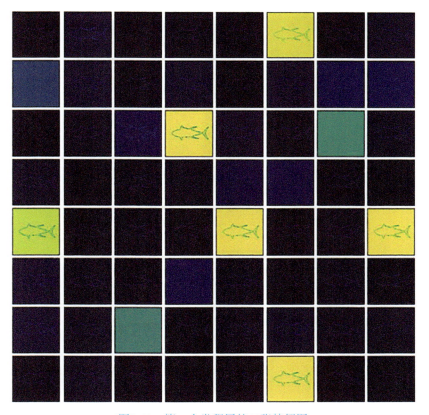

图3-12　第一个卷积层的64张特征图

3.2.2.2　金枪鱼形态轮廓的不同卷积层可视化分析

通过对不同卷积块的每个卷积层进行平均可视化分析，发现金枪鱼形态轮廓信息会随着卷积层的增加而发生一定的变化。第一个卷积块的第一个卷积层和第二个卷积层均有64张特征图，分别输出其金枪鱼形态轮廓的平均图像，见图3-13。第一个卷积块的第一个卷积层和第二个卷积层的金枪鱼形态轮廓的平均图像之间存在一定的变化，但不是很明显。从第一个卷积块到第五个卷积块可发现，同一个卷积块的不同卷积层之间存在类似的变化结果，但是不同卷积块的卷积层之间金枪鱼形态轮廓信息发生显著变化。

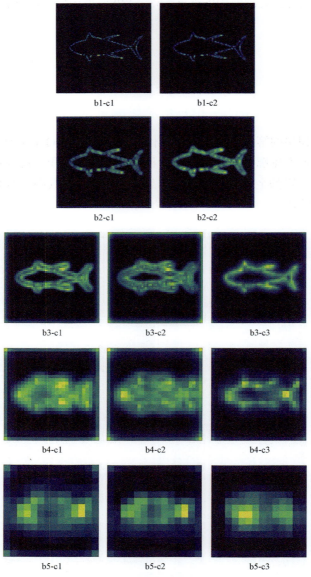

图3-13　金枪鱼形态轮廓的卷积层可视化

b. 卷积块；c. 卷积层

3.2.2.3　金枪鱼形态轮廓的不同池化层可视化分析

利用不同池化层对金枪鱼形态轮廓进行平均可视化分析，发现形态轮廓信息会随着池化层的增加而发生变化（图3-14）。通过第一个池化层直接输出金枪鱼形态轮廓的平均特征图，其形态轮廓信息与金枪鱼原始轮廓一致。在第二个池化层和第四个池化层输出的金枪鱼形态轮廓的平均特征图能显示出金枪鱼的形态轮廓特征。但是，第五个池化层则不能直接显示出形态轮廓特征。

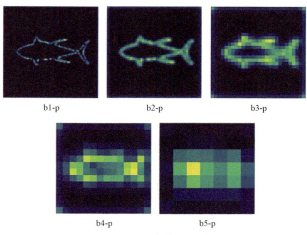

b1-p　　　　　　　b2-p　　　　　　　b3-p

b4-p　　　　　　　b5-p

图3-14　金枪鱼形态轮廓的池化层可视化

b. 卷积块；p. 池化层

3.2.2.4　金枪鱼深度特征数据主成分分析

对金枪鱼深度特征数据的主成分分析结果显示，利用主成分分析能有效地对深度特征数据信息进行提取（图3-15）。金枪鱼深度特征第一个主成分（PC1）的贡献率最高，为45%，第二个主成分（PC2）的贡献率次之，为13%。随着金枪鱼深度特征的主成分不断增加，其贡献率显著减小，第一个主成分（PC1）到第五个主成分（PC5）的累计贡献率达到75%，而第六个主成分（PC6）到第十个主成分（PC10）的累计贡献率仅为7%。此外，金枪鱼深度特征的主成分箱线图显示，金枪鱼的深度特征数据随着主成分的增加而发生变化（图3-16）。金枪鱼深度特征的前三个主成分的上四分位数和下四分位数之间的距离较大，随着主成分的增加上四分位数和下四分位数之间的距离逐渐减小，其上限和下限之间的距离与上四分位数和下四分位数之间的距离变化趋势一致。金枪鱼箱线图中的中位数变化，随着主成分的增加趋于稳定。

3.2.3　讨论

3.2.3.1　VGG16模型对金枪鱼形态轮廓可视化的重要性

随着人工智能的不断发展，开发出了赋予计算机视觉能力的技术（陈超和齐峰，2019）。其中，图像预处理技术是计算机视觉的主要技术之一，也是实现鱼类生物信息

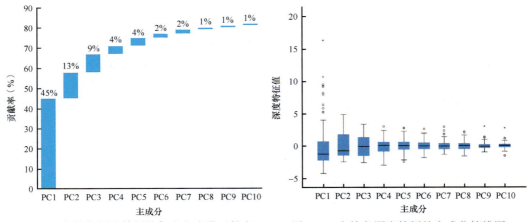

图3-15　金枪鱼深度特征的每个主成分贡献率　　　图3-16　金枪鱼深度特征的主成分箱线图

自动化提取的关键技术（欧利国等，2022）。利用计算机视觉的图像处理技术能实现对鱼类图像的预处理（欧利国等，2021b），也为下一步骤的鱼类形态轮廓信息的自动提取奠定了良好的基础。本书通过计算机视觉技术对鱼类图像进行读取，主要利用双边滤波、灰度变换、二值化处理和提取轮廓等图像处理技术得到金枪鱼形态轮廓图像。金枪鱼形态轮廓图像的处理结果与其他研究（杨杰超等，2018）类似，通过对图像进行预处理能很好地提取金枪鱼形态轮廓信息，并且其具有显著的金枪鱼生物学特异性。

在深度学习技术中，深度卷积神经网络VGG16模型得到了广泛的研究应用（熊俊涛等，2020），VGG16模型是本节自动提取金枪鱼形态轮廓信息的主要技术。不同于传统图像处理技术，VGG16模型通过不同的功能对数据特征进行转换，对数据特征进行分层表示，具有高精确度和强鲁棒性等优势（樊湘鹏等，2021）。本节利用VGG16模型对金枪鱼形态轮廓进行可视化，分析其深度卷积神经网络对形态轮廓信息的提取过程。由于VGG16模型读取金枪鱼图像时会重置其图像的大小，因此将金枪鱼形态轮廓图像大小统一处理为宽度224像素、高度224像素，以保证金枪鱼形态轮廓的特异性和一致性。

通过VGG16模型对金枪鱼形态轮廓图像进行可视化，对形态轮廓图像进行初次的特征提取，由于第一个卷积块的第一个卷积层有64个卷积核（宽度3像素、高度3像素），因此可视化了64张特征图，通过每个卷积核在金枪鱼原始轮廓图像所提取的感受野并对应到每张特征图的像素点，最终第一个卷积层提取的64张特征图都能很好地显示出金枪鱼形态轮廓信息，其后续可视化的卷积层也有类似的效果。对不同卷积层进行平均可视化分析，随着卷积层的不断增加，每个卷积层所得到的金枪鱼形态轮廓会发生一定的变化，不同卷积块的卷积层之间变化更为明显。池化层的金枪鱼形态轮廓可视化与卷积层类似，但是池化层主要是对金枪鱼形态轮廓的空间信息进行降维操作。虽然卷积层能有效提取金枪鱼形态轮廓信息，但是它们之间存在一定的信息冗余，会增加后续计算的复杂度。利用池化层能有效地减少金枪鱼形态轮廓的空间信息，从而降低参数量和计算量。此外，通过对卷积层的可视化图像与池化层进行对比，可发现卷积后的特征图在经过池化处理后仍保留金枪鱼形态轮廓信息。随着卷积块的增加，卷积层和池化层金枪鱼形态轮廓的可视化图像特征均由具体变为抽象。

3.2.3.2　金枪鱼形态轮廓信息的自动提取效果

本节利用深度卷积神经网络VGG16模型对金枪鱼形态轮廓信息进行可视化分析的效果较好，进一步奠定了VGG16模型对金枪鱼形态轮廓信息进行自动化提取的基础。随着卷积层和池化层对金枪鱼形态轮廓信息的提取和空间降维，在全连接层的第二层输出了金枪鱼形态轮廓信息的深度特征数据并将4096维数据进行降维。通过对金枪鱼形态轮廓信息的深度特征数据进行主成分分析，发现第一个主成分至第十个主成分的累计贡献率达到82%，其自动提取效果较好。第一个主成分的贡献率最高，为45%，第二个主成分的贡献率次之，为13%，其他主成分的贡献率均低于10%。主成分的贡献率会随着主成分的增加而减小。在金枪鱼深度特征的主成分箱线图中，每个主成分的上四分位数和下四分位数之间的距离，以及上限和下限之间的距离的变化趋势与主成分的贡献率大小变化趋势一致，这进一步表明其数据信息提取效果较好。

本书作者认为利用VGG16模型能有效对金枪鱼形态轮廓信息进行自动化提取。通过第一个卷积层的不同卷积核得到的特征图可以发现，初次提取的金枪鱼形态轮廓信息具有鱼种特异性，利用不同卷积块的不同卷积层和不同池化层能进一步分析出金枪鱼形态轮廓信息的提取过程。通过不断地对形态轮廓信息进行特征提取和空间降维，得到的金枪鱼深度特征数据能更好地表征其形态轮廓信息，也使得深度卷积神经网络VGG16模型对金枪鱼形态轮廓信息的提取具有很好的解释性。通过利用可视化分析并结合主成分分析能有效提取金枪鱼形态轮廓信息，VGG16模型对金枪鱼形态轮廓信息的提取是金枪鱼自动识别的重要前期工作，通过计算机视觉的新技术和新方法，有利于进一步认识其生物学特性，对促进金枪鱼智慧渔业的发展也起到了重要作用（陈新军和许柳雄，2005；陈新军等，2022）。

第4章
渔业生物表型信息研究

4.1 金枪鱼属鱼类表型纹理特征量化分析

纹理是一种普遍存在的视觉现象，它是物体表面或结构的一种基本属性（孙君顶和马媛媛，2010），不同物体具有各自的纹理特征。纹理分析在鱼类生物研究中也得到了相关应用，如鱼种分类识别（Hu et al.，2012）、鱼类组织分析（González-Rufino et al.，2013）、鱼类肌肉鉴别（Hatae et al.，1984）、鱼类行为检测（袁红春等，2020）、鱼类摄食评估（陈彩文等，2017）等。鱼类表型纹理是在生长过程中自然生成的，主要分布在鱼体表面，由体表花纹和鳞片形态等构成，具有表征鱼种特异性的本质属性（国家水产总局南海水产研究所等，1979）。目前，大多研究人员对鱼类表型纹理的分析仍然处于初始阶段，主要是进行定性分析，观察和描述其表型纹理变化并用于鱼种分类。传统鱼类纹理分析方法的应用取得了一定的研究成果（陈大刚和张美昭，2015），但随着科技进步，传统方法表现出明显的不足和局限性。而现代科技为鱼类表型纹理定量分析提供了可靠的技术条件：其一，通过高清数码照相机和智能手机等图像采集设备均能很好地获取鱼类纹理图像，为研究鱼类纹理提供了便捷和良好的设备技术条件；其二，由于人工智能的迅速发展，计算机视觉技术为鱼类纹理分析提供了有效的研究方法，通过计算机视觉技术可对鱼类纹理信息进行量化处理（Jose et al.，2020）。对金枪鱼的纹理信息研究，不仅能认识金枪鱼表型纹理变化差异，还为进一步探究金枪鱼的种间差异奠定了良好的基础。因此，本章在4.1.1节和4.1.2节通过计算机视觉的不同表型纹理提取技术对金枪鱼表型纹理进行自动提取并分析其提取过程和效果。

4.1.1 计算机视觉技术的灰度共生矩阵量化金枪鱼属鱼类表型纹理信息

本节先对大眼金枪鱼、黄鳍金枪鱼、长鳍金枪鱼3种金枪鱼的图像自动截取预先选定的表型纹理特征区域，然后进行灰度转换和灰度级数量化处理，再对灰度量化图像进行灰度共生矩阵分析，得到归一化灰度共生矩阵并计算纹理指标，分析纹理信息的距离和方向变化，最后对3种金枪鱼的纹理指标进行因子分析。通过对3种金枪鱼的表型纹理特征进行定量分析，研究其纹理信息数据可视化差异，筛选出合适的纹理信息数据，从而分析其表型纹理信息的量化效果。

4.1.1.1 材料与方法

1. 材料

将10尾大眼金枪鱼（*Thunnus obesus*）、10尾黄鳍金枪鱼（*Thunnus albacares*）、10尾长鳍金枪鱼（*Thunnus alalunga*）共30尾金枪鱼作为研究对象，采集30尾金枪鱼的二维数字图像，对图像进行处理并保存为高度1000像素、宽度2000像素的JPEG文件格式。

2. 自动获取纹理图像

1）定位图像基准点

通过计算机视觉技术读入金枪鱼图像，利用计算机视觉库OpenCV的shape函数获取图像的像素高度（H）和像素宽度（W），以及读入图像的通道数。本书根据读入金枪鱼图像的信息特征，并结合金枪鱼的生物学特性，预先选定自动截取图像的基准点，其基准点坐标为 $\left(\dfrac{1}{2}W,\dfrac{1}{2}H\right)$（图4-1）。

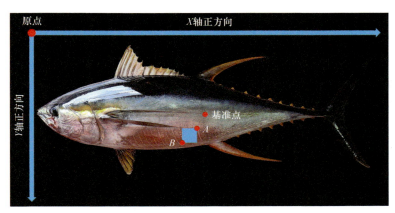

图4-1　基准点定位和移动方位

2）纹理图像截取

金枪鱼纹理图像从基准点位置向靠近鱼类头部方向移动$D+W_1$个像素点，同时向靠近鱼类腹部方向移动$D+H_1$个像素点，得到A点坐标为（$\dfrac{1}{2}W-D-W_1$，$\dfrac{1}{2}H+D+H_1$）；从基准点位置向靠近鱼类头部方向移动W_1+W_2个像素点，同时向靠近鱼类腹部方向移动H_1+H_2个像素点，得到B点坐标为（$\dfrac{1}{2}W-W_1-W_2$，$\dfrac{1}{2}H+H_1+H_2$），通过A点和B点坐标得到纹理图像（图4-1），其纹理图像的宽度为W_2-D，高度为H_2-D。本书根据金枪鱼纹理特征预先设置自动截取每张图像的指标数据D为20个像素点，W_1和H_1分别为20个和60个像素点，W_2和H_2均为120个像素点，自动截取的纹理图像保存为100像素×100像素大小的JPEG文件格式。

3. 纹理特征指标提取

1）纹理特征信息提取原理

纹理特征信息提取主要是通过灰度共生矩阵实现，由Haralick等（1973）提出，它是

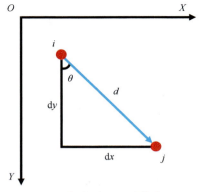

图4-2 灰度共生矩阵像素对
i, *j*分别表示一个像素

通过研究灰度空间相关特性来描述纹理的常用方法。纹理图像是图像的像素进行规则或不规则排列而成，因而灰度空间中的2个像素点在某个方向和某个距离中存在一定相关性。灰度共生矩阵可写为$\boldsymbol{P}(i, j \mid d, \theta)$，表示从灰度级*i*点沿一定的距离（*d*）和一定的方向（*θ*）到灰度级*j*点的概率，*i*、*j*分别表示为$i=f(x, y)$、$j=f(x+dx, y+dy)$，二者是图像中的灰度级。其中，*i*、*j*为0到$L-1$的灰度级大小，d*x*和d*y*为像素点的偏移量且具有方向性，*d*为像素点移动距离，*θ*为像素点移动方向，一般有4个方向，分别为0°、45°、90°和135°（图4-2）。

2）灰度图像量化和灰度共生矩阵归一化

对金枪鱼二维图像进行自动截取得到纹理图像为3个通道的彩色空间图像，对其进行灰度共生矩阵分析时，需要通过计算机视觉图像处理技术将纹理图像转换为单通道的灰度空间图像，其灰度转换公式（杨璟和朱雷，2010）为

$$\text{Gray} = 0.30R + 0.59G + 0.11B \tag{4-1}$$

式中，*R*、*G*、*B*分别是读取彩色图像的3个通道的分量值。

灰度空间的纹理图像灰度级为0～255级，共256级，级数过高导致计算量过大，本书将纹理图像灰度级256级压缩为16级（王魏等，2012），利用灰度级量化提高计算速度和优化纹理图像的灰度共生矩阵计算。通过计算纹理图像得出灰度共生矩阵，计算全部像素对之和*R*后，通过除以*R*获取归一化的灰度共生矩阵，公式为

$$p(i, j \mid d, \theta) = \frac{\boldsymbol{P}(i, j \mid d, \theta)}{R} \tag{4-2}$$

式中，*R*为常数；*i*和*j*分别表示像素点；*d*为像素点移动距离；*θ*为像素点移动方向。

3）计算纹理特征指标

灰度共生矩阵（杨璟和朱雷，2010）的2次统计量纹理指标共14个，其中常用的6个指标主要有角二阶矩（angular second moment，ASM）、对比度（contrast，CON）、熵（entropy，ENT）、逆差距（inverse difference moment，IDM）、方差（variance）以及相关性（correlation，COR）。通过6个纹理指标的计算得到3种金枪鱼的纹理信息数据：

$$\text{ASM} = \sum_{i=0}^{L-1} \sum_{j=0}^{L-1} \left[p(i, j \mid d, \theta) \right]^2 \tag{4-3}$$

$$\text{CON} = \sum_{n=0}^{L-1} n^2 \left[\sum_{i=1}^{L} \sum_{j=1}^{L} p(i, j \mid d, \theta) \right], |i-j| = n \tag{4-4}$$

$$\text{ENT} = -\sum_{i=0}^{L-1} \sum_{j=0}^{L-1} p(i, j \mid d, \theta) \log \left[p(i, j \mid d, \theta) \right] \tag{4-5}$$

$$\text{IDM} = \sum_{i=0}^{L-1} \sum_{j=0}^{L-1} \frac{1}{1+i-j^2} p(i, j \mid d, \theta) \tag{4-6}$$

$$variance = \sum_{i=0}^{L-1}\sum_{j=0}^{L-1}(i-m)^2\, p(i,j|d,\theta) \tag{4-7}$$

$$COR = \frac{\sum_{i=0}^{L-1}\sum_{j=0}^{L-1}ij p(i,j|d,\theta) - \mu_x\mu_y}{\sigma_x^2\sigma_y^2} \tag{4-8}$$

式中，$\mu_x = \sum_{i=0}^{L-1}i\sum_{j=0}^{L-1}p(i,j|d,\theta)$，$\mu_y = \sum_{j=0}^{L-1}j\sum_{i=0}^{L-1}p(i,j|d,\theta)$，$\sigma_x^2 = \sum_{i=0}^{L-1}(i-\mu_x)^2\sum_{j}^{L-1}p(i,j|d,\theta)$，

$\sigma_y^2 = \sum_{j=0}^{L-1}(i-\mu_y)^2\sum_{i}^{L-1}p(i,j|d,\theta)$。

4. 金枪鱼纹理指标数据分析

通过计算机视觉技术的纹理分析计算出3种金枪鱼6个纹理指标在灰度共生矩阵距离为1～7的4个方向（0°、45°、90°和135°）的数据。为了分析距离变化对金枪鱼纹理信息的影响，计算每种10尾金枪鱼纹理指标在距离为1～7的4个方向上的均值，对每种10尾金枪鱼在均值方向的距离为1～7的纹理指标再次取均值，以代表该种在均值方向上距离为1～7的平均变化，并进行数据信息可视化分析。进行距离分析后，通过固定距离数据，对3种金枪鱼在4个方向上的纹理指标信息差异也进行数据信息可视化分析。确定金枪鱼纹理指标的距离和方向变化后，对金枪鱼纹理指标数据进行因子分析，因子抽取方法选择主成分分析方法，得到纹理指标系数相关矩阵和主成分分析表。

以上所有数据的分析处理使用Python 3.6.6、SPSS 20.0和Excel 2016软件完成。

4.1.1.2　结果与分析

1. 金枪鱼纹理图像获取和处理

通过计算机视觉技术对3种金枪鱼纹理图像的获取和处理分析结果显示，对金枪鱼表型纹理特征区域进行预先选定，自动获取表型纹理图像的效果较好，并得到高100像素、宽100像素的彩色图像，再通过计算机视觉的图像处理技术对彩色图像进行灰度转换和灰度量化，得到灰度级为16级的灰度图像（图4-3）。从3种金枪鱼彩色图像转换为灰度图像的纹理特征可以看出，灰度图像比彩色图像的纹理特征更为显著，而灰度量化后金枪鱼图像的纹理特征与量化前保持一致。

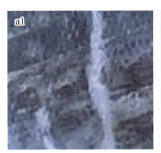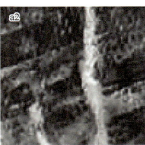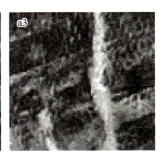

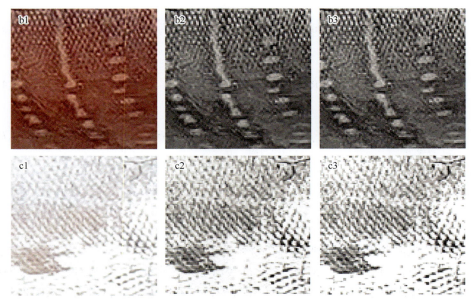

图4-3　3种金枪鱼的纹理特征

a.大眼金枪鱼；b.黄鳍金枪鱼；c.长鳍金枪鱼；

1.纹理特征；2.灰度转换；3.灰度量化

2. 金枪鱼纹理指标的距离变化

3种金枪鱼纹理指标的距离变化的可视化数据分析结果显示，计算出每种金枪鱼各10尾在距离为1～7的4个方向（0°、45°、90°和135°）上的不同纹理指标，并对4个方向的纹理指标取均值，对每种10尾金枪鱼距离为1～7的纹理指标再取均值，进而分析每种金枪鱼纹理指标受到距离变化的影响程度，发现3种金枪鱼的纹理指标随距离的变化而变化（方差除外），在距离为2时5个纹理指标发生明显变化，而在距离为4时其变化大多逐渐趋于稳定（图4-4）。金枪鱼纹理指标的距离变化表明除方差外，距离的变化对3种金枪鱼的其他5个纹理指标均有影响。结合3种金枪鱼的纹理指标变化趋势，当距离为4时，可用于金枪鱼的纹理分析。

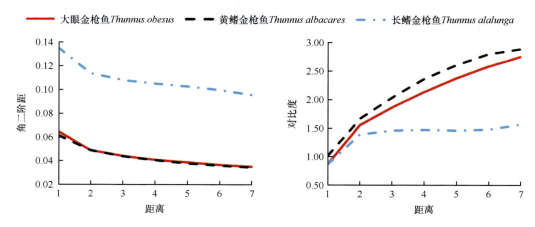

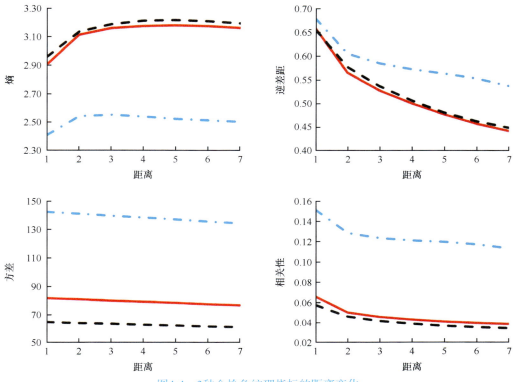

图4-4　3种金枪鱼纹理指标的距离变化

3. 金枪鱼纹理指标的方向变化

　　3种金枪鱼纹理指标的方向变化的可视化数据分析结果显示，在距离为4时大眼金枪鱼、黄鳍金枪鱼和长鳍金枪鱼的6个指标在4个方向（0°、45°、90°和135°）上的变化趋势基本沿着方向均值曲线上下波动变化。其中，在大眼金枪鱼的纹理指标变化过程中，逆差距和熵的变化趋势相对其他4个指标波动较大（图4-5），而黄鳍金枪鱼和长鳍金枪鱼均是对比度和逆差距有较大波动，其他4个指标波动较小（图4-6，图4-7）。

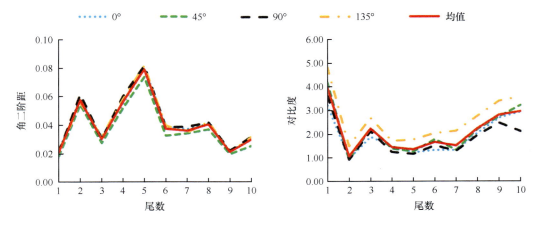

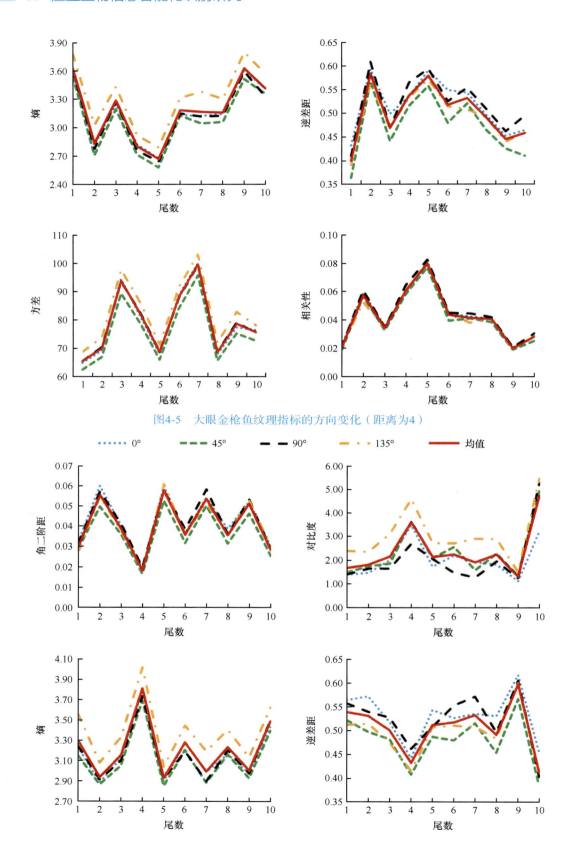

图4-5 大眼金枪鱼纹理指标的方向变化（距离为4）

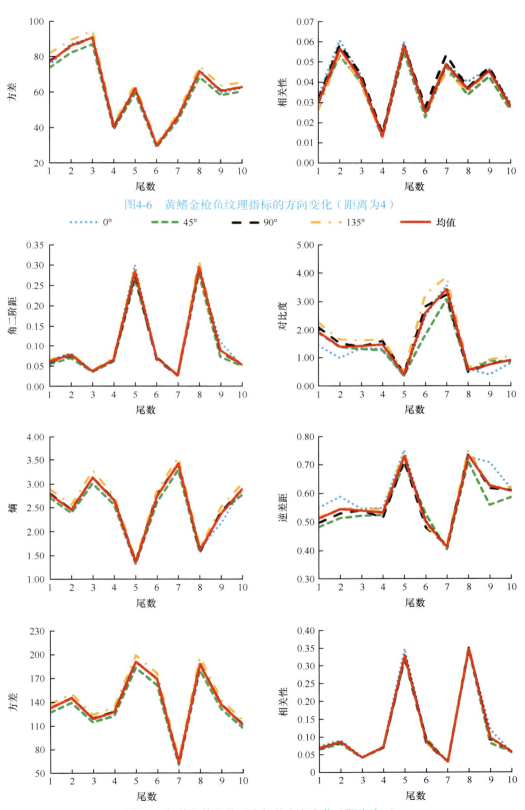

图4-6　黄鳍金枪鱼纹理指标的方向变化（距离为4）

.... 0°　－－－ 45°　━━━ 90°　－·－· 135°　——— 均值

图4-7　长鳍金枪鱼纹理指标的方向变化（距离为4）

4. 金枪鱼纹理指标因子分析

对3种金枪鱼的6个纹理指标进行因子分析的结果显示，角二阶距、对比度、熵、逆差距、方差和相关性纹理指标之间存在相关性（表4-1）。通过主成分分析法得到第一个主成分的贡献率为81.10%，其前两个主成分的累计贡献率为92.46%（表4-2），表明6个纹理指标在降维过程中信息损失量较小，6个纹理指标能很好地反映出金枪鱼纹理特征信息。

表4-1　3种金枪鱼的纹理指标相关系数矩阵

纹理指标	角二阶距	对比度	熵	逆差距	方差	相关性
角二阶距	1.00	−0.56	−0.91	0.82	0.73	1.00
对比度	−0.56	1.00	0.76	−0.90	−0.53	−0.55
熵	−0.91	0.76	1.00	−0.89	−0.79	−0.90
逆差距	0.82	−0.90	−0.89	1.00	0.62	0.80
方差	0.73	−0.53	−0.79	0.62	1.00	0.76
相关性	1.00	−0.55	−0.90	0.80	0.76	1.00

注：距离为 4 且方向为均值方向

表4-2　3种金枪鱼的纹理指标主成分分析表

主成分	特征值	贡献率(%)	累计贡献率(%)	主成分	特征值	贡献率(%)	累计贡献率(%)
1	4.87	81.10	81.10	4	0.06	1.01	99.51
2	0.68	11.36	92.46	5	0.03	0.49*	99.99
3	0.36	6.04	98.50	6	0.00	0.01	100.00

注：距离为 4 且方向为均值方向；* 百分比之和不等于 100% 是因为有些数据进行过舍入修约

4.1.1.3　讨论

1. 金枪鱼表型纹理特征定量分析可行性

鱼类表型纹理信息具有鱼种特异性，可作为鱼类分类依据。经相关研究人员长期努力，传统鱼类表型纹理研究取得了一定的成果，并主要应用于鱼种分类识别（国家水产总局南海水产研究所等，1979）。传统鱼类表型纹理研究主要是利用鱼体侧面对鱼类背部和腹部等具有鱼种特异性的区域进行描述性分析，进而总结和归纳鱼种的表型纹理特征（陈大刚和张美昭，2015）。例如，脂眼凹肩鲹（*Selar crumenophthalmus*）体侧具有一条黄色宽纵带，六带鲹（*Caranx sexfasciatus*）体侧有若干条黑色横带等。而本书的3种金枪鱼的表型纹理特征存在显著性差异，主要表现在鱼体腹部区域（Khotimah et al.，2015；Chapman et al.，2015）。其中，大眼金枪鱼的表型纹理特征为线条纹理分布不均匀，且断断续续；黄鳍金枪鱼的表型纹理特征为线条分布间隔均匀，且分布斑点线；长鳍金枪鱼的表型纹理特征为无线条分布，表型纹理较为光洁。

金枪鱼纹理图像获取要具有一致性且选取的局部纹理图像要具有代表性。对3种金枪鱼进行表型纹理特征提取时，获取纹理图像过程中金枪鱼摆放的位置统一，金枪鱼水平摆放于图像中心，鱼头部分位于图像中左侧，鱼尾部分位于图像右侧，鱼类背部位于图像上方，以及鱼类腹部位于图像下方。由于金枪鱼胸鳍较长且具有一定大小，需将其胸鳍水平摆好，避免遮挡腹部纹理特征区域。而金枪鱼的腹部区域具有鱼种特异性，选取其局部图像作为纹理特征进行分析。本书中3种金枪鱼同种不同个体的纹理图像在整体变化中表现出鱼种特异性，可用于纹理信息提取。

计算机视觉技术对金枪鱼属鱼类纹理图像自动获取和处理效果较好。本书通过计算机视觉的图像处理技术对金枪鱼属鱼类的纹理特征区域进行预先选定，特征区域的选取结合金枪鱼属鱼类表型纹理的生物学特性，并对每张纹理图像进行自动截取，得到100像素×100像素的纹理图像。再通过灰度转换和灰度量化，得到16级的灰度纹理图像，并将其与彩色纹理图像和256级的灰度纹理图像对比，发现3种金枪鱼属鱼类的表型纹理信息均保存完整，金枪鱼属鱼类灰度纹理图像中纹理特征更为清晰，量化灰度图像不仅可以优化计算处理效率，还不影响纹理特征。此外，量化的灰度纹理图像是后续计算机视觉纹理分析的重要组成部分，为数据定量分析提供了重要保障和依据。

金枪鱼图像的纹理信息提取是金枪鱼表型纹理特征定量分析的关键一步。本书应用的灰度共生矩阵是一种主流的纹理分析方法，是建立在分析纹理图像的二阶组合条件概率密度函数基础上的统计方法（陈焕栩等，2018），可分析局部模式和排列规则（李智峰等，2011；陈焕栩等，2018），能很好地分析金枪鱼纹理内部的复杂程度，从而提取定量的信息化数据。在树皮纹理（李可心等，2017）、叶片纹理（火元莲和李俞利，2021）、地形纹理（刘凯等，2012）以及鱼类表型纹理（Hu et al.，2012）等不同研究领域中，灰度共生矩阵的纹理信息提取效果均较好，表明灰度共生矩阵在纹理分析的实际研究应用中具有很强的优越性。因此，本书在提取金枪鱼表型纹理信息时，采用灰度共生矩阵作为纹理信息的获取方法。此外，本书通过对纹理图像进行灰度转换和灰度量化处理，得到最终纹理图像为16级的灰度图像，图像的宽度和高度均为100像素，对两两像素间的不同距离和方向计算出灰度共生矩阵，得出的数值仅表示两两像素间出现的频数，同一灰度共生矩阵的数值差异较大，通过对灰度共生矩阵进行归一化处理，可将其用于计算纹理指标，以便于纹理特征的分析。

2. 计算机视觉技术对金枪鱼表型纹理信息的提取效果

本书中3种金枪鱼的表型纹理在种间存在显著的特异性变化，通过计算机视觉技术的纹理分析，利用纹理图像的像素排列，对灰度空间像素间不同距离和方位的纹理信息进行定量分析，获取相邻间隔和幅度变化的灰度信息等。对3种金枪鱼纹理信息在4个方向（0°、45°、90°和135°）的纹理指标进行取均值分析，6个纹理指标均随距离的变化而变化，而在距离为4时大多纹理指标基本趋于稳定（除方差外），在其他相关的纹理分析研究中也有类似的结果（王魏等，2012；吕毅等，2013）。对比3种金枪鱼的纹理指标随距离变化的差异发现，除了不同纹理指标的变化，同一纹理指标的变化趋势基本一致，表明在距离的影响下金枪鱼的纹理信息变化较为稳定。在纹理信息的距离为4时，分析3种金枪鱼的纹理指标在不同方向的变化情况，大眼金枪鱼、黄鳍金枪鱼和长鳍金枪鱼各自纹理指标信息的不同方向数据可视化分析中，3种金枪鱼的纹理指标在4个方向上的变化趋势均与均值方向基本保持一致，反映了3种金枪鱼的表型纹理信息获取具有较好的稳定性和同源性。因此，3种金枪鱼的纹理信息在不同方向上的差异较小，均值方向的纹理信息具有明显的代表性。

在纹理信息的距离为4且方向为均值方向时，对3种金枪鱼的因子分析发现，纹理指标间具有较好的相关性，且在主成分分析中第一个主成分的贡献率达到81.10%，说明计算机视觉技术对3种金枪鱼纹理分析所提取的6个纹理指标数据信息较好；第二个主成分到第六个主成分的累计贡献率不足20%，纹理指标在降维过程中信息流失较少，因此计算机视觉技术对3种金枪鱼表型纹理信息的提取效果十分显著，所得到的纹理信息也较充分。

类似的鱼类纹理研究（Muhathir et al.，2021）通过提取鲫（*Carassius auratus*）、鳜（*Siniperca chuatsi*）、鳊（*Parabramis pekinensis*）和白鱼（*Anabarilius*）4种淡水鱼的纹理特征作为分类指标之一，利用灰度共生矩阵获取纹理指标，其分类效果较好，但是由于4种淡水鱼均为不同属鱼类，其表型纹理差异巨大，因此效果明显。而本书针对同属不同种鱼类的纹理特征进行分析，通过灰度共生矩阵进一步分析其纹理指标随不同距离和方向的变化，并根据金枪鱼的纹理特征选取相应的距离和方向，再对提取的纹理指标进行深入挖掘，分析其数据信息特点，为后期金枪鱼智能识别奠定了良好基础。

计算机视觉技术能有效对金枪鱼属鱼类表型纹理信息进行定量分析（Wishkerman et al.，2016），通过分析纹理图像中像素的灰度信息，并统计其频次，实现表型纹理定量分析，从而自动提取金枪鱼纹理的数据信息。表型纹理信息的提取是金枪鱼智能识别的重要前期工作之一，传统常见的金枪鱼分类主要是通过鱼类性状描述分析，并结合形态指标和形态轮廓进行识别。而作为表征鱼类生物分类信息的一种方式，表型纹理图像数据具有客观性、表征性和有效性等特点。计算机视觉技术在鱼类表型纹理特征提取中的应用将为金枪鱼分类识别提供更为丰富的信息数据和新的分类思路（Andayani et al.，2019）。

4.1.2 VGG16模型的金枪鱼属鱼类表型纹理可视化及信息提取

本节对大眼金枪鱼、黄鳍金枪鱼、长鳍金枪鱼3种金枪鱼图像进行自动截取预先选定的表型纹理特征区域图像，并利用深度卷积神经网络VGG16模型对金枪鱼属鱼类表型纹理信息进行自动提取分析。可视化第一个卷积层的所有特征图，分析初次卷积金枪鱼属鱼类表型纹理信息的效果。对每个卷积块的第一个卷积层、最后一个卷积层和池化层进行平均可视化并分析其变化过程。通过深度卷积神经网络VGG16模型提取金枪鱼属鱼类表型纹理的深度特征数据并进行主成分贡献率分析和箱线图绘制，从而分析其量化提取效果。

4.1.2.1 材料与方法

1. 材料

本节以30尾大眼金枪鱼（*Thunnus obesus*）、30尾黄鳍金枪鱼（*Thunnus alb-acares*）、30尾长鳍金枪鱼（*Thunnus alalunga*）共90尾金枪鱼作为研究对象。海上观察员采集了金枪鱼的数字图像。对图像进行处理并保存图像为高1000像素、宽2000像素的JPEG文件格式，其中金枪鱼在图像中水平居中对齐。

2. 方法

利用深度卷积神经网络VGG16模型对金枪鱼属鱼类表型纹理信息自动提取的过程主要包括：自动提取纹理图像、表型纹理可视化和深度特征数据提取（图4-8）。

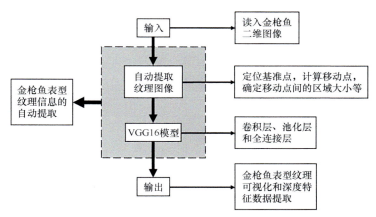

图4-8　金枪鱼属鱼类表型纹理信息的自动提取流程图

1）自动提取纹理图像

通过计算机视觉技术读入金枪鱼二维图像，对金枪鱼二维图像进行基准点定位。然后，利用基准点位置，确定其他移动点。通过计算移动点的区域大小确定纹理图像，并将自动截取的纹理图像保存为100像素×100像素大小的JPEG文件格式（图4-9）。详细方法步骤见4.1.1.1。

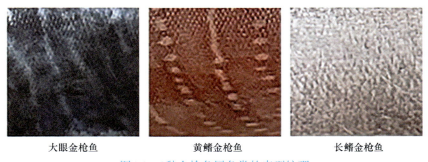

大眼金枪鱼　　　　　黄鳍金枪鱼　　　　　长鳍金枪鱼

图4-9　3种金枪鱼属鱼类的表型纹理

2）表型纹理可视化和深度特征数据提取

通过VGG16模型可视化金枪鱼表型纹理图像，第一个卷积块的第一个卷积层可视化金枪鱼表型纹理图像共64张特征图（224×224）。平均可视化卷积块的第一个卷积层和最后一个卷积层，以及所有池化层的金枪鱼表型纹理图像。第一个卷积块的卷积层和池化层图像大小分别为224×224和112×112，第二个卷积块的卷积层和池化层图像大小分别为112×112和56×56，第三个卷积块的卷积层和池化层图像大小分别为56×56和28×28，第四个卷积块的卷积层和池化层图像大小分别为28×28和14×14，第五个卷积块的卷积层和池化层图像大小分别为14×14和7×7。利用深度卷积神经网络VGG16模型对金枪鱼表型纹理信息进行提取，在全连接层的第二层输出金枪鱼属鱼类表型纹理的深度特征数据为4096个。

3）数据处理

通过计算机视觉技术对金枪鱼属鱼类的表型纹理图像进行自动提取，得到的金枪鱼纹理图像大小为100像素×100像素。由于VGG16模型读取图像为固定大小，将金枪鱼纹理图像100像素×100像素统一为224像素×224像素。利用VGG16模型可视化第一个卷积层的64张特征图，并对所有卷积块的第一个卷积层和最后一个卷积层，以及池化层的特征图进行平均可视化，输出每张图像的深度特征数据4096个，且输出数据为归一化数据。最后，对金枪鱼属鱼类表型纹理的深度特征数据进行主成分贡献率分析和箱线图绘制。

以上所有数据的分析处理使用Python 3.6.6、SPSS 20.0和Excel 2016软件完成。

4.1.2.2　结果

1. 第一个卷积层的金枪鱼属鱼类表型纹理可视化

通过对第一个卷积层进行可视化分析，发现VGG16模型的初次卷积过程能较好地获取3种金枪鱼的表型纹理信息。大眼金枪鱼表型纹理的第一个卷积层可视化了64张特征图，每张特征图的大小是宽224像素、高224像素，均显示了不同程度和细节差异的纹理特异性，且具有一定的表征大眼金枪鱼表型纹理的信息（图4-10）。黄鳍金枪鱼和长鳍金枪鱼64张特征图的纹理特异性结果与大眼金枪鱼类似，每张特征图均在一定程度上显示了金枪鱼表型纹理信息（图4-11，图4-12）。

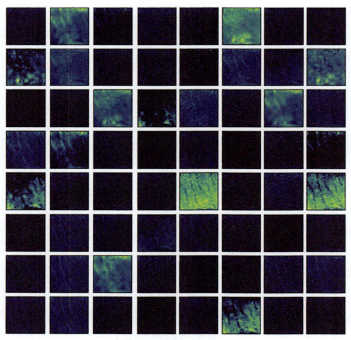

图4-10　大眼金枪鱼的64张特征图

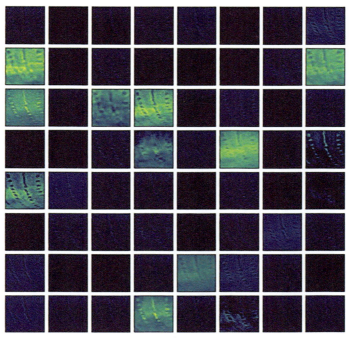

图4-11　黄鳍金枪鱼的64张特征图

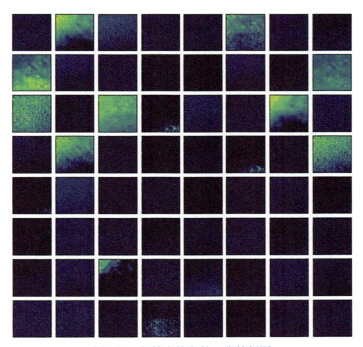

图4-12　长鳍金枪鱼的64张特征图

2. 金枪鱼属鱼类表型纹理的卷积层可视化分析

通过对每个卷积块的第一个卷积层和最后一个卷积层的平均可视化进行分析，发现金枪鱼属鱼类表型纹理信息会随着卷积块的增加而发生变化。每个卷积块的第一个卷积层均能很好地可视化3种金枪鱼的表型纹理信息，前三个卷积块的第一个卷积层的金枪鱼表型纹理信息较为具体，但是最后两个卷积块的第一个卷积层的纹理信息较为抽象（图4-13）。此外，每个卷积块的最后一个卷积层的平均可视化结果与第一个卷积层的平均可视化结果类似（图4-14），在同一个卷积块内，第一个卷积层和最后一个卷积层的金枪鱼表型纹理其可视化信息存在一定差异。

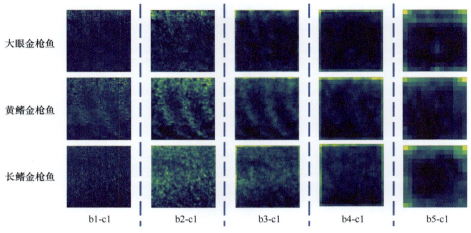

图4-13　第一个卷积层的平均可视化

b. 卷积块；c. 卷积层

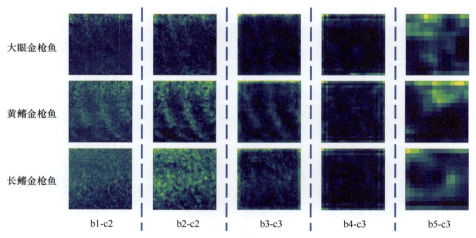

图4-14　最后一个卷积层的平均可视化

b. 卷积块；c. 卷积层

3. 金枪鱼属鱼类表型纹理的池化层可视化分析

通过对金枪鱼属鱼类不同卷积块的池化层进行平均可视化分析，发现表型纹理信息在不同卷积块的池化过程中会发生变化（图4-15）。第一个卷积块的池化层3种金枪鱼表型纹理的平均可视化的特征图与金枪鱼原始表型纹理信息基本一致，可视化效果较好。第二个卷积块的池化层和第三个卷积块的池化层的平均可视化特征图仍然能较好地直观表征金枪鱼表型纹理信息。但是，最后两个卷积块的池化层则不能很好地显示金枪鱼表型纹理信息。

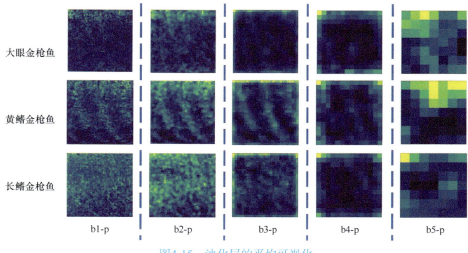

大眼金枪鱼

黄鳍金枪鱼

长鳍金枪鱼

b1-p　　　　b2-p　　　　b3-p　　　　b4-p　　　　b5-p

图4-15　池化层的平均可视化

b. 卷积块；p. 池化层

4. 金枪鱼属鱼类深度特征主成分分析

金枪鱼属鱼类深度特征数据的主成分分析结果显示，利用主成分分析能有效地对金枪鱼属鱼类的深度特征信息进行提取（图4-16）。3种金枪鱼的前两个主成分贡献率均较

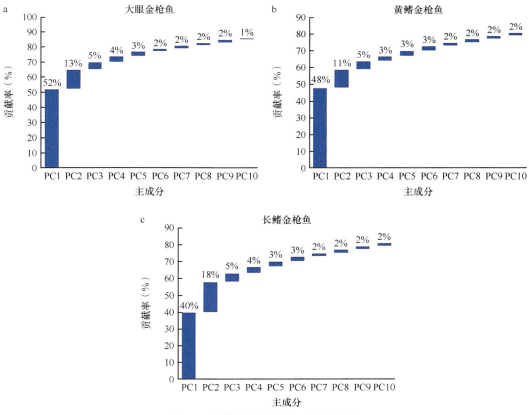

图4-16　不同金枪鱼的主成分贡献率

高。其中，大眼金枪鱼深度特征数据的第一个主成分（PC1）的贡献率最高，为52%，第二个主成分（PC2）的贡献率次之，为13%；黄鳍金枪鱼深度特征数据的PC1贡献率最高，为48%，PC2贡献率次之，为11%；长鳍金枪鱼深度特征数据的PC1贡献率最高，为40%，PC2的贡献率次之，为18%。随着每种金枪鱼的深度特征数据的主成分不断增加，其贡献率显著减小。

金枪鱼属鱼类深度特征数据的主成分箱线图分析显示，不同金枪鱼的深度特征数据随着主成分的增加而发生变化（图4-17）。3种金枪鱼深度特征数据的第一个主成分的上四分位数和下四分位数之间的距离最大，其上限和下限之间的距离也最大。主成分箱线图中前两个主成分的上下四分位数距离和上下限距离的大小变化趋势与主成分贡献率大小保持一致，金枪鱼属鱼类的主成分箱线图中的中位数变化，随着主成分的增加趋于稳定。

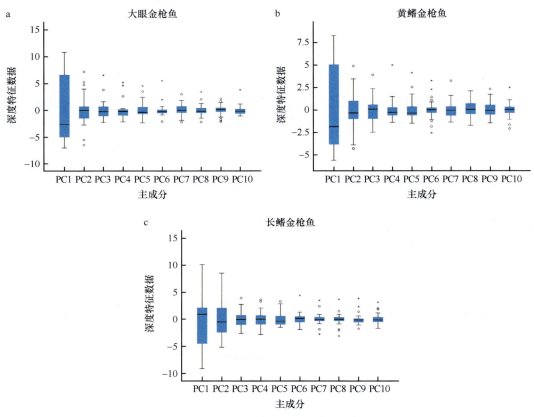

图4-17　不同金枪鱼的主成分箱线图

4.1.2.3　讨论

1. 金枪鱼属鱼类表型纹理可视化的重要性

纹理是物体表面或结构的基本属性，也是一种直观的视觉现象（孙君顶和马媛媛，2010）。鱼类的表型纹理是在其生长过程中自然生成的，主要分布在鱼体表面，由体表花纹和鳞片形态等构成，具有表征鱼种特异性的本质属性（欧利国等，2022）。纹理信息分析在鱼类生物研究中得到了广泛的应用（Hatae et al.，1984；González-Rufino et al.，2013；Hu et al.，2012；陈彩文等，2017；袁红春等，2020）。本书中3种金枪鱼属鱼类的表型纹理具有显著的鱼种特异性，可将其作为金枪鱼分类的生物学依据。因此，表型纹理信息分析不仅能丰富金枪鱼属鱼类的分类方式，还进一步促进了其生物学研究的多样化发展。

传统鱼类纹理分析主要是观察和描述等定性分析方法，主要用于鱼种分类。但是，随着人工智能的迅速发展（卢宏涛和张秦川，2016；常亮等，2016），计算机视觉技术为鱼类纹理分析提供了有效的研究方法，通过计算机视觉技术可对鱼类纹理信息进行量化处理（欧利国等，2022）。其中，深度卷积神经网络VGG16模型可用于鱼类表型纹理信息分析。本书通过深度卷积神经网络VGG16模型对3种金枪鱼属鱼类进行可视化分析的效果显著。VGG16模型在初次卷积的第一个卷积层可视化了不同金枪鱼的表型纹理信息，每种金枪鱼的纹理信息均有64张特征图，不同金枪鱼的不同特征图在一定程度上表征鱼种的特异性。通过进一步平均可视化不同卷积块的第一个卷积层和最后一个卷积层，发现3种金枪鱼属鱼类的表型纹理信息发生了变化，前三个卷积块的第一个卷积层能直观地显示纹理信息的特异性，最后两个卷积块的第一个卷积层则不能较好地显示出纹理信息，其纹理信息变化从具体到抽象，表明金枪鱼属鱼类表型纹理信息在VGG16模型的处理过程中从浅层信息逐步提取为深度的语义信息。第一个卷积层和最后一个卷积层的可视化信息存在一定差异，但整体变化过程一致，其池化层的变化结果与卷积层类似。本书作者认为金枪鱼属鱼类的表型纹理信息可视化解析了深度卷积神经网络的特征提取过程，也进一步印证了提取的深度特征数据能表征表型纹理信息。

2. 金枪鱼属鱼类表型纹理量化的深度特征提取效果

由于深度卷积神经网络对信息处理具有较好的鲁棒性和泛化能力，其不同卷积层可表征不同层次中二维空间的特异性信息，进而构造不同层次的信息融合分层，能更有效地实现信息获取（杨斌和钟金英，2016）。因此，本书利用深度卷积神经网络VGG16模型对金枪鱼属鱼类表型纹理进行可视化分析，印证其信息的生物特异性，并量化表型纹理的深度特征数据。通过金枪鱼属鱼类深度特征主成分分析，发现其自动提取效果较好。3种金枪鱼的前十个主成分累计贡献率中大眼金枪鱼最高，为86%，黄鳍金枪鱼和长鳍金枪鱼均为81%。其中，前六个主成分的累计贡献率均超过70%。在单个主成分分析中，PC1的贡献率均为最高，大眼金枪鱼为52%，黄鳍金枪鱼为48%，长鳍金枪鱼为40%。3种金枪鱼的主成分的贡献率变化趋势基本一致，随着主成分的增加，贡献率不断减小。3种金枪鱼的主成分箱线图分析中，PC1的上四分位数和下四分位数之间的距离最大，其上限和下限之间的距离也最大。主成分箱线图中的前两个主成分距离的大小变化趋势与主成分贡献率大小基本保持一致。

本书通过深度卷积神经网络VGG16模型对金枪鱼属鱼类表型纹理信息进行量化提取，VGG16模型具有强大的生物信息提取能力，为金枪鱼智能识别提供了有效的途径和新思路。其本质是构建深度卷积神经网络模型，并通过网络结构有效地获取金枪鱼属鱼类表型纹理图像中的生物特异性，即获取数据内部结构信息，从而得到具有表征生物信息的特征。金枪鱼属鱼类的纹理信息自动化提取有利于加速推动金枪鱼渔业的智能化发展，能更加广泛地将新技术（段萌等，2018）应用在鱼类生物学研究的各个领域。

4.2 头足类角质颚表型色素量化过程

4.2.1 头足类角质颚表型色素可视化及其应用

头足类生物在海洋生态系统中起着十分重要的承上启下作用，是海洋哺乳动物、大型鱼类的重要食物，对头足类的研究将推动对整个海洋生态系统食物链、摄食关系以及资源状况的研究（方舟，2016）。研究头足类生物的材料包括内壳、耳石、乌贼骨、角质颚等，其中角质颚具有大小适中、形态稳定、不易被腐蚀、坚硬等良好特性，同时蕴含着丰富的生物信息，是研究头足类生物的重要材料（刘必林等，2014）。

角质颚分为上颚和下颚，为不对称结构。较上颚而言，下颚具有易采集、较为稳定的形态特征、不同种之间差异明显等优点，更常被用于种类的鉴别与划分（Clarke，1986）。角质颚下颚分为喙部、翼部、头盖、侧壁、脊突、喙定点和颚角部位，这些部位有不同程度的黑色素分布，即色素沉积。色素沉积伴随着角质颚的生长过程，影响角质颚的硬度，因此角质颚色素可以反映头足类生物的摄食及生长环境等生物信息，对头足类生物学研究至关重要（林静远等，2020）。角质颚的体积小、形态不规则，如何测量其色素沉积占比，一直是角质颚研究中的棘手问题。Wollf（1984）最先对太平洋海域18种头足类的角质颚色素沉积进行了描述；Castro和Hernandez-garcia（1995）首次提出了头足类角质颚色素沉积的8级分类；方舟（2016）在研究头足类角质颚色素沉积与性腺成熟度关系的基础上，提出了新的7级分类方法，使色素沉积等级的特征更为具体；胡贯宇等（2016）利用神经网络模型建立了头足类角质颚色素沉积等级与头足类生物信息如日龄、胴长、性腺成熟度等和角质颚外部形态学参数的关系；卜心宇等（2022）对西北太平洋武装乌贼个体发育期角质颚色素沉积的变化按照3个等级进行了分析，首次对角质颚的色素沉积进行了定量分析，然而其方法主要是借助图像测量软件，实验的人工智能性差；宋自根等（2021）基于神经网络深度学习模型，对角质颚进行分类识别和图像切割，实现了角质颚色素沉积的自动化定量测量，但并未将定量测量出的色素沉积情况用于头足类分类。机器视觉技术是指用计算机模拟人的视觉功能，从客观事物的图像中提取信息，进行处理并加以理解，最终进行应用（段峰等，2002）。这可以在很大程度上减少人类的重复劳动，提高生产效率和自动化程度。因此，随着科技的进步和农业的不断发展，机器视觉技术也被广泛应用到农业包括渔业等领域。在头足类角质颚应用方面，贺芊菡等（2020，2021）基于机器视觉技术实现了头足类角质颚的轮廓与特征点提取，以及形态学参数的测量。宋自根等（2021）利用Mask-RCNN深度学习神经网络模型，实现了头足类角质颚色素的定量测量。

本书基于机器学习，定量测量头足类角质颚的色素沉积，将角质颚色素沉积作为判别分类的指标来进行头足类的分类，希望为基于色素沉积进行头足类分类的研究提供新思路。本书选取中东太平洋茎柔鱼（*Dosidicus gigas*）、北太平洋柔鱼（*Ommastrephes bartramii*）以及中东大西洋翼柄柔鱼（*Ommastrephes pteropus*）3种头足类的角质颚下颚为样本，以其侧视图像为基础，基于角质颚下颚的色素沉积情况，发现色素沉积由深至浅，有3个明显的界线，因此将其色素沉积划分为4个不同等级。利用机器视觉技术计算出3种头足类角质颚4个等级的色素沉积面积与头盖-翼部区域面积以及脊突-侧壁区域面积的比例关系，并利用3种头足类角质颚之间色素沉积的差异来进行头足类的判别。本书将机器视觉技术和头足类角质颚色素沉积相结合，实现了角质颚色素沉积等级的精确划分，创造了一种全新的角质颚色素定量测量方法和头足类判别分类方法，为头足类角质颚色素沉积研究以及头足类分类研究提供了一种新思路，为依据角质颚色素沉积实现对头足类生物分类的研究提供了新方向，在一定程度上促进了头足类生物信息处理的自动化和智能化以及渔业自动化的发展。

4.2.1.1　材料与方法

1. 材料

本书以30尾中东太平洋茎柔鱼、30尾北太平洋柔鱼、30尾中东大西洋翼柄柔鱼的角质颚下颚为样本，将样本清洗后存放于含75%乙醇溶液的离心管中（表4-3）。

表4-3　3种头足类的采样信息

种名	采集时间	采集海域	经纬度	胴长（mm）	样品数量（尾）
茎柔鱼	2020.5.25 ~ 2020.5.26	中东太平洋	1°49′S ~ 2°19′S、103°9′W ~ 104°14′W	239 ~ 378	30
柔鱼	2017.10.14 ~ 2017.11.12	北太平洋	155°47′E ~ 155°55′E、42°57′N ~ 43°26′N	258 ~ 365	30
翼柄柔鱼	2018.8.23 ~ 2018.9.13	中东大西洋	—	203 ~ 289	30

2. 方法

拍照及图片处理：分别采集90尾头足类的下颚彩色二维侧视图，并将图像保存为JPEG文件格式。

图像预处理：对采集到的90尾头足类的下颚图片进行图像预处理，包括滤波平滑与图像灰度化两个步骤。首先，通过均值迁移滤波处理角质颚图像。均值迁移滤波是对色彩层面平滑处理的滤波器，可以中和色彩分布相近的颜色，平滑色彩细节，侵蚀面积较小的颜色区域（林俊杰等，2016）。然后，对平滑后的图像进行灰度化处理，使彩色图像变为灰度图像。

构造目标连通域：构造目标连通域主要分为以下四个步骤。

（1）图像二值化：图像的二值化是实现图像分割的关键步骤之一，采用自适应阈值对灰度图像进行二值化处理，经过二值化的图像分离了角质颚背景，也进一步精简了图像信息。

（2）自定义去噪：图像上存在不同程度的噪声点，对角质颚轮廓信息的提取产生了一定影响。定义连通域为相连且不间断的白色像素点组成的区域，再定义一个特征值，检测图像中所有轮廓的像素点个数，将像素点个数小于这一特征值的连通域认作噪声并删除，达到去噪的效果。新建像素为0的单通道画布，绘制出所有轮廓并用255的像素填充。

（3）构建连通域：对图像进行去噪处理之后，对所得图像采用最小结构元素进行一次形态学闭运算处理，得到一次处理的样本图像后，检索图像中的样本轮廓。如果得到的轮廓数量等于1，则表示已构造得到了目标连通域，则直接选择连通域；如果得到的轮廓数量大于1，则说明样本轮廓图像仍然存在缺损。此时，对图像做进一步处理，迭代增大卷积核对轮廓形态学的闭运算，直到完全消除图像的轮廓缺损，同时还要保证图像的变形程度在误差允许的范围内。

（4）选择连通域：新建像素为0的单通道画布，检测最长轮廓对应的连通域并绘制在画布上（图4-18）。

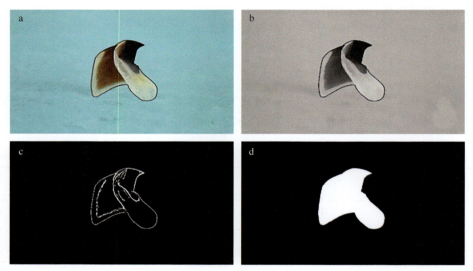

图4-18　角质颚识别过程

a. 角质颚原图；b. 滤波平滑及图像灰度化；

c. 图像二值化及自定义去噪；d. 选择连通域

色素分割及可视化：①目标分割遍历二值化的角质颚连通域图像，搜索角质颚在图像中占据的像素点坐标并保存至列表，再根据列表中记录的像素点制作掩膜，分割出彩色图像与灰度图像中的角质颚。②色素可视化。新建一张白色画布用于绘制分割色素后的角质颚图像。将角质颚色素沉积由深到浅分别划分为4个等级，像素位于[0，40）的像素点归为等级Ⅰ，等级Ⅰ表示色素沉积现象最显著，呈现黑色；将像素位于[24，72）的像素点归为等级Ⅱ，等级Ⅱ表示色素沉积较显著，呈现灰色；将像素位于[64，112）的像素点归为等级Ⅲ，等级Ⅲ表示有一定的色素沉积，呈现浅灰色；剩余像素点归为等级Ⅳ，等级Ⅳ则表示角质颚呈现透明，色素沉积极少。

在研究过程中，划分色素值的4个区间存在交集，这是由于在平滑等级Ⅰ、Ⅱ、Ⅲ的过程中，各区域边缘的像素会产生变化，从而出现交集。若选取的区间没有交集，则在划分等级的过程中，等级Ⅳ取其他3个等级的剩余像素值，会将区域边缘的像素值归为第Ⅳ区域，影响结果的准确性。

在分割后的灰度图像中，遍历列表中保存的角质颚像素点坐标，将像素值位于[0，

40）的像素点用像素值255、像素值位于[24，72）的像素点用像素值127、像素值位于
[64，112）的像素点用像素值63、其余像素点用像素值0，分别绘制在白色画布中并记录
每个等级中像素点的数量。

平滑处理：在每分割完一个等级后，对分割得到的区域采用均值滤波做一次平滑处
理，消除计算机视觉的绝对化处理在等级边缘处产生的锯齿（图4-19）。

图4-19　角质颚色素分割及可视化过程
a. 彩色图像；b. 灰度图像；c. 色素分割

角质颚色素沉积面积计算：由于图像拍摄过程中
不能确保角质颚的分辨率完全一致，因此选取角质颚
各色素沉积等级的像素点数量占角质颚头盖-翼部区域
以及脊突-侧壁区域的总像素点数量之比进行研究。

角质颚下颚分为喙部、翼部、头盖、侧壁、脊
突、喙定点和颚角部位（图4-20）。本书将角质颚下颚
分为两个主要区域：头盖-翼部区域（A区）以及脊突-
侧壁区域（B区）。利用实际投影面积，计算出角质颚
4个等级的色素沉积面积与这两个主要区域面积的比例
关系。数据处理采用Excel 2021，精确至0.01。

结果判别分析：为了探究结果的准确度，本书采

图4-20　角质颚部位示意图

用逐步判别分析法对3种头足类之间的色素沉积差异进行分析（刘必林等，2015），通过
正态检验和方差齐性检验，将剩余入选的因子用Wilks' Lambda方法进行筛选（韩霈武
等，2020），使用的软件为SPSS 26。

4.2.1.2　结果

1. 角质颚色素可视化

角质颚色素可视化结果显示，茎柔鱼色素沉积等级Ⅰ、Ⅱ、Ⅲ在A区分别占总体
的22.37%、10.10%和13.09%，在B区分别占总体的2.96%、23.39%和36.69%。柔鱼色素

沉积等级Ⅰ、Ⅱ、Ⅲ在A区分别占总体的26.21%、17.73%和20.35%，在B区分别占总体的17.76%、38.31%和29.34%。翼柄柔鱼色素沉积等级Ⅰ、Ⅱ、Ⅲ在A区分别占总体的27.28%、16.21%和18.77%，在B区分别占总体的27.23%、23.48%和16.15%（表4-4）。

表4-4　3种头足类角质颚各色素沉积等级占比　　　　　　　　　　（%）

| 种类 | 数值 | A区各色素沉积等级占比 | | | | B区各色素沉积等级占比 | | | |
		Ⅰ	Ⅱ	Ⅲ	Ⅳ	Ⅰ	Ⅱ	Ⅲ	Ⅳ
茎柔鱼	范围	1.08～51.71	0～26.32	2.92～53.03	—	0.31～18.47	0～50.07	8.12～61.89	—
	均值	22.37	10.10	13.09	—	2.96	23.39	36.69	—
	标准差	10.63	6.07	8.83	—	3.31	15	11.6	—
柔鱼	范围	8.38～39.81	8.63～28.76	0.20～44.09	—	4.59～36.05	17.68～57.78	8.80～46.00	—
	均值	26.21	17.73	20.35	—	17.76	38.31	29.34	—
	标准差	9.24	9.21	5.76	—	11.9	9.24	5.39	—
翼柄柔鱼	范围	0.94～48.31	0.19～35.13	6.29～30.70	—	2.22～49.42	9.47～40.09	7.57～26.77	—
	均值	27.28	16.21	18.77	—	27.23	23.48	16.15	—
	标准差	12.12	8.76	5.75	—	12.65	9.37	4.36	—

—表示数据暂缺

2. 角质颚色素分布差异

茎柔鱼角质颚下颚A区的色素沉积以等级Ⅳ为主，翼部色素沉积以等级Ⅰ为主，主要位于翼部下端，喙部色素沉积以等级Ⅰ为主，等级Ⅱ、Ⅲ比例相当。柔鱼角质颚下颚色素沉积等级Ⅳ只占一小部分，A区的大部分色素沉积较为明显，且以等级Ⅰ为主。翼柄柔鱼角质颚下颚A区色素沉积等级Ⅳ占比最高，但和等级Ⅰ比例相当，等级Ⅱ、Ⅲ比例接近。

茎柔鱼角质颚下颚B区色素沉积较浅，等级Ⅲ、Ⅳ占了很大一部分，等级Ⅰ占比很低。4个等级在柔鱼角质颚下颚B区的分布比较均匀，等级Ⅱ占比较高。翼柄柔鱼角质颚下颚B区色素分布也较为均匀，以等级Ⅳ为主，等级Ⅲ占比较低（图4-21）。

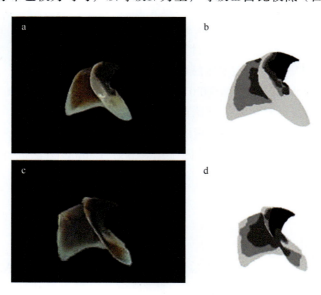

图4-21 3种头足类角质颚原图及色素沉积等级图

a. 茎柔鱼原图；b. 茎柔鱼色素沉积等级图；c. 柔鱼原图；d. 柔鱼色素沉积等级图；e. 翼柄柔鱼原图；f. 翼柄柔鱼色素沉积等级图

3. 角质颚判别分析

通过逐步判别分析法对3种头足类角质颚色素沉积情况进行分析，结果显示，等级Ⅰ、Ⅳ在脊突-侧壁区域各色素梯度的占比对判别分类的结果具有显著意义，判别总正确率为74.4%（表4-5）。

表4-5 3种头足类角质颚判别分析结果

逐步判别分析	种类	种类			总计	正确率（%）	总正确率（%）
		茎柔鱼	柔鱼	翼柄柔鱼			
初始判别	茎柔鱼	25	4	1	30	83.3	74.4
	柔鱼	2	21	7	30	70	
	翼柄柔鱼	0	9	21	30	70	
交叉验证	茎柔鱼	25	4	1	30	83.3	74.4
	柔鱼	2	21	7	30	70	
	翼柄柔鱼	2	21	7	30	70	

4.2.1.3 讨论

1. 角质颚色素沉积及其应用研究

头足类角质颚体积小、形态不规则，如何测量其色素沉积占比，一直是角质颚研究中的棘手问题。由于角质颚外部形态特征相似，甚至有些相近种类之间的角质颚形态特征完全没有差异（刘必林等，2015），利用角质颚进行头足类的种类判别时会有难度，业内的学者也在不断探索利用角质颚进行判别分类的方法，但大多以形态特征参数作为研究对象（Clarke，1962）。对角质颚的色素沉积研究主要停留在定性分析上。目前已有研究对角质颚色素沉积进行定量分析，但主要是借助图像处理软件，智能性较差。宋自根等（2021）采用的人工智能的自动化定量测量方法未用于头足类分类。

本书基于机器视觉技术，创新性地根据色素沉积情况，将角质颚下颚划分为4个等级，利用自定义算法自动化准确地计算出头足类A区、B区的色素沉积占比，实现了角质颚色素占比的精确化测量，并基于此首次把角质颚色素沉积作为判别分类的指标来进行头足类的分类，并取得了良好的分类效果，创造了一种全新的定量测量方法，将生物形态的差异定量描述和可视化，为头足类色素沉积研究智能化提供了新方法。

2. 角质颚色素沉积的摄食生态学分析

头足类生物特有的摄食器官角质颚具有坚硬、结构稳定、耐腐蚀等特点，储存着重要的生物信息，角质颚被广泛应用于头足类年龄生长、资源评估、种群判别等方面（何静茹等，2020），其色素沉积能够反映个体的生长、摄食习性等信息（刘必林和陈新军，2009），下颚更是常被作为种群判别的重要材料（Clarke，1986）。本书作者研究发现，不同头足类的角质颚色素沉积存在一定的差异，利用机器视觉技术可以将这种差异量化，形成可观的数据集，逐步判别分析结果显示，判别总正确率可达74.4%。

茎柔鱼、柔鱼、翼柄柔鱼3种头足类角质颚的色素沉积都由喙部开始，逐渐向头盖、翼部、脊突、侧壁延伸，并且色素沉积逐渐变淡。茎柔鱼角质颚色素沉积面积在A区呈现等级Ⅳ＞Ⅰ＞Ⅲ＞Ⅱ的情况，其中等级Ⅳ主要出现在喙部，面积最大，等级Ⅰ主要出现在翼部且色素沉积较浅，这与茎柔鱼个体发育期摄食习性的变化以及角质颚自身的化学成分组成相符（林静远等，2019a）。林静远等（2020）发现，茎柔鱼角质颚C/N值从喙部到翼部逐渐升高，表征从喙部到翼部色素沉积逐渐变浅（林静远等，2020）。Guerra等（2010）研究发现，茎柔鱼垂直活动能力很强，在幼龄时期以甲壳类为食，因此角质颚喙部色素沉积较深，成体则主要以鱼类和头足类为食，其角质颚侧壁和翼部色素沉积较浅。

研究认为，头足类角质颚色素沉积与其食性息息相关，生活在不同海域的头足类由于摄食行为和摄食偏好的不同，角质颚色素沉积状况也存在差异（陈炫好等，2020），而色素沉积程度将影响角质颚的硬度（梁佳伟等，2021）。

冯志萍等（2020）在研究秘鲁海域的茎柔鱼时发现，茎柔鱼主要摄食其他头足类和灯笼鱼，摄食种类和结构单一，主要为荧串光鱼和灯笼鱼科（韩东燕等，2013），其主要原因是荧串光鱼在东南太平洋于资源丰度和空间分布上占有主要地位（Cornejo and Koppelmann，2006）。操亮亮等（2021）对东太平洋公海茎柔鱼的食性研究发现，茎柔鱼主饵料生物中有鱼类10种、头足类4种，从出现频率来看，主要摄食的鱼类饵料为荧串光鱼、朗明灯鱼和墨西哥尾灯鱼，荧串光鱼和茎柔鱼等头足类出现频率较高，是最重要的摄食饵料，并且随着胴长的增加，茎柔鱼摄食的饵料种类不断增加，头足类和灯笼鱼饵料比例增加，摄食营养水平不断提高。翼柄柔鱼以鱼类、甲壳类、头足类为食，同类残食的现象明显（陈新军等，2009）。根据研究，中东大西洋翼柄柔鱼主要摄食对象为灯笼鱼科、巨口鱼科及头足类（Merten et al.，2017），其中摄食灯笼鱼科数量最多，其次为头足类和巨口鱼科。同样地，随着胴长的增加，翼柄柔鱼摄食的饵料生物种类与数量不断增加，摄食营养结构出现变化，灯笼鱼科占比下降，巨口鱼科呈现增加的趋势。但翼柄柔鱼依旧以较小的饵料生物为主要摄食对象，或许是因为翼柄柔鱼对于饵料生物不具有选择性，是一种机会主义捕食者。马金等（2011）认为，西北太平洋柔鱼摄食鱼类、头足类和甲壳类，其中以鱼类为主，头足类次之，甲壳类再次。同时，幼年期的柔鱼大量捕食甲壳类，成体则逐渐减少捕食甲壳类（陈新军等，2011），这与本书的研究结果类似。大量摄食甲壳类等硬度大的食物，导致柔鱼相较于食性偏软的茎柔鱼和翼柄柔鱼的角质颚在A区的色素沉积面积大且色素沉积颜色深。茎柔鱼和翼柄柔鱼的角质颚在A区的色素沉积情况类似，等级Ⅰ、Ⅱ、Ⅲ占A区总面积的比例较低，而柔鱼的角质颚在A区的色素沉积占比较高，几乎覆盖了整个A区。这表明茎柔鱼和翼柄柔鱼摄食习性基本相似，但与柔鱼不同，后者更倾向于摄食硬度更大的食物。

3. 存在的问题

由于头足类角质颚本身光滑，在光线照射下会存在一定的反光现象，在拍摄过程中会因灯光照射角度等原因而使角质颚图像上存在光点，进而影响色素值与色素占比的计算。后续拟对拍摄环境、拍摄角度以及拍摄设备进行调整，减轻此类因素的干扰。此外，后续还将考虑改变图像处理方法，降低对图片预处理的要求，方便操作以适于推广。

由于头足类个体生长的差异性，性别、年龄差异均会对色素沉积情况产生影响，如柔鱼雌雄个体角质颚色素沉积就存在一定差异，雌性个体上颚撕咬能力较强，色素沉积较快（陆化杰等，2020a）。本书并未对此类情况做出具体划分，后续可以对此类问题跟进研究。

4.2.2　基于Mask-RCNN模型的角质颚色素沉积量化方法

角质颚是头足类海洋生物的主要摄食器官，蕴藏着重要的生物学信息，其色素沉积占比在一定程度上反映个体的生长特性（陆化杰等，2020a）。因此，如何准确测量计算角质颚色素沉积的占比，是研究头足类动物的摄食、栖息环境等生活史内容需要解决的重要问题。以往的研究主要集中在定性分析方面，而定量研究特别是色素沉积占比分析可以更进一步揭示头足类动物的生活习性变化。Mask-RCNN模型是一种深度学习理论模型，可以对所研究目标进行识别和分割，而且精确度很高。本书使用Mask-RCNN模型分别对头足类角质颚及其色素沉积的数据集进行训练和测试，实现了角质颚图像的精确分割，并使用分割得到的掩膜图像自动化得出角质颚色素沉积的占比，实现角质颚色素沉积的智能化测量。

4.2.2.1　数据与方法

1. 图像采集

2019年上海海洋大学"淞航号"渔业资源调查船在31°99′～38°76′N、148°00′～148°10′E的海域共捕获120尾富山武装乌贼（*Enoploteuthis chunii*）作为样本。将富山武装乌贼在实验室解冻后，用镊子取出角质颚，放入清水中清洗掉表面黏液，在胃蛋白酶溶液中浸泡2d以去除表面残留的有机质，然后放入70%的乙醇溶液中防止脱水，最后使用显微镜拍摄并挑选处理过的角质颚上颚和下颚的图像各100张，作为本次实验的数据集。

2. 图像标注

Labelme是一种标注工具，通常用来制作分割数据集，标注出数据的完整边缘。本书使用Labelme分别标注头足类角质颚上颚、下颚及其色素沉积的轮廓边缘（图4-22），并使用标注目标的英文名作为标签名。图像中所有的标注信息，如标注标签、标注点坐标等，保存到与原图对应的json文件中，使用脚本文件将json文件转化成模型所需的文件，最终得到模型所需要的训练集。

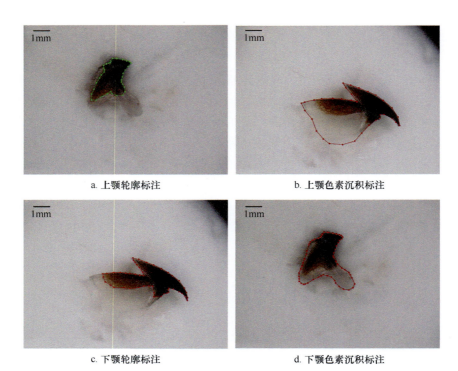

a. 上颚轮廓标注　　　　　　　　b. 上颚色素沉积标注

c. 下颚轮廓标注　　　　　　　　d. 下颚色素沉积标注

图4-22　角质颚样本标注示意图

3. Mask-RCNN模型

Mask-RCNN模型是He等（2017）团队提出的目标检测模型，其结构见图4-23，它是在Faster R-CNN模型（Ren et al.，2015）的基础上增加了一个语义分割分支，用于输出目标的掩膜，并通过损失函数来调节训练参数，实现对图像特征的深度学习：

$$L=L_{cls}+L_{box}+L_{mask} \tag{4-9}$$

式中，L_{cls}是类别损失；L_{box}是位置损失；L_{mask}是掩膜损失。模型通过真实边框与候选框的类别差异、位置差异、掩膜差异进行训练。其中，真实边框是标记数据，候选框是预测数据。模型通过损失函数来调节参数，在模型训练过程中，损失函数值越来越小直至收敛。Mask-RCNN模型使用Resnet50（He et al.，2017）残差网络和特征金字塔网络（feature pyramid network，FPN）（Lin et al.，2017）进行特征提取和融合。Resnet50和FPN训练后，可得到一张强语义信息和强空间信息的特征图。区域候选网络（region proposal network，RPN）在特征图中生成$N×N$个候选框并进行非极大值抑制（non-maximum suppression，NMS），得到感兴趣区域（ROI）。再通过ROIAlign将ROI调整成相同大小，其中ROIAlign是池化层，它可以把原图和特征图的像素对应起来，使结果精确地映射到原图上。最后将ROI分别送到全连接层和卷积层进行掩膜预测、类别预测及位置回归。

4.2.2.2　实验方法

1. 实验设计

首先对挑选的各100张上颚、下颚的轮廓及其相应的色素沉积图像进行标定，得到4个数据集。将标注后的数据集按7∶3的比例随机选择70张作为训练集，30张作为测试集。使用Mask-RCNN模型分别对上颚和下颚进行训练。从图像中分割出角质颚和色素沉积轮廓，再计算出色素沉积轮廓在角质颚整体轮廓中所占的百分比。实验流程如图4-24所示，以角质颚上颚实验为例，Mask-RCNN训练具体步骤如下。

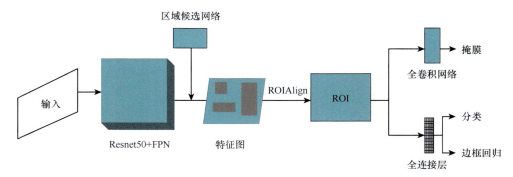

图4-23　Mask-RCNN模型的结构图

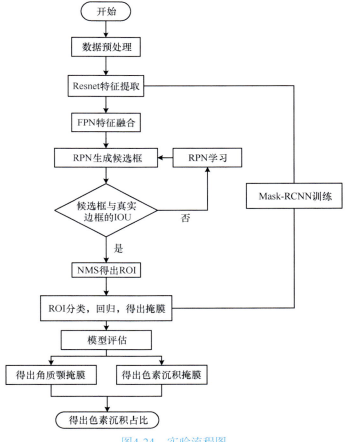

图4-24　实验流程图

第一步：利用Resnet50残差网络分别对角质颚上颚及其色素沉积图像进行特征提取，得到5张不同大小和维度的特征图。

第二步：利用FPN将上一步的5张特征图融合到1张特征图上。

第三步：利用RPN对特征图中的每一个位置生成N种可能的候选框，共生成$N \times N$个候选框。设置交并比（IOU）上下阈值，计算候选框与真实边框的IOU，IOU大于上阈值为正样本，小于下阈值为负样本。从正负样本中各选取128个样本进行特征训练，调优RPN网络层参数。

第四步：对RPN输出的候选框进行NMS，得到的ROI由ROIAlign池化为固定大小，再将输出的结果分别输入两个分支网络中进行训练，其中一个分支网络由两个全连接层构成，用于类别分类和位置回归，另一个分支网络由全卷积网络构成，用于生成掩膜，最终实现Mask-RCNN检测模型的训练。

第五步：求得测试集中每一张图像输出结果与该图像的真实边框的IOU，再对得到的所有IOU求平均，作为模型的评估结果。最后获取角质颚和色素沉积掩膜的像素点来计算色素沉积部分所占角质颚的比例。

2. 模型参数

本书使用Ubuntu16.04操作系统，服务器显卡为GTX1050Ti，显存为8GB，并分别使用头足类角质颚上颚、下颚及其色素沉积作为训练数据。为了得到较好的分割效果，将初始学习率设置为0.001，动量默认设置为0.9。在实验过程中，需不断修改迭代次数（Epoch），并根据损失函数（loss）的变化来确定迭代次数（图4-25），其中，横轴数据是Epoch=3开始显示。因为每次迭代会训练6张图像，每张图像训练一次，所以以初始迭

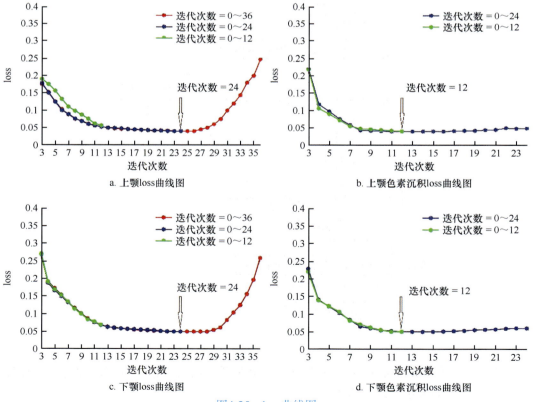

图4-25　loss曲线图

图片是从Epoch=3开始显示

代次数设为12，并依据实验结果，依次倍增迭代次数。在实验过程中，对于上颚和下颚取迭代次数为12时，模型会将目标物误认为背景，模型欠拟合，取迭代次数为36时，模型会将背景误认为目标物，模型过拟合；对于上颚和下颚色素沉积取迭代次数为12时，模型没有将背景误认为目标物，取迭代次数为24时，模型将背景误认为目标物，模型过拟合。本书最终根据loss图像选择分割效果最好的迭代次数，对于角质颚上颚、下颚，取迭代次数为24；对于上颚、下颚的色素沉积，取迭代次数为12。上颚、下颚训练时间大约8h，色素沉积训练时间大约5h，训练完成后，图像分割需要几秒钟。

4.2.2.3　结果与分析

1. 上颚

上颚轮廓及其色素沉积的模型输出结果如图4-26所示，包括原图、轮廓分割图和色素沉积图。此时，轮廓掩膜所占像素点为151 025，色素沉积所占像素点为60 640，样本色素沉积占比为40.15%。图4-27展示了上颚轮廓及其色素沉积的实验结果，其中放大部分显示

 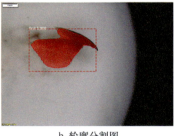 

a. 原图　　　　　　　　　b. 轮廓分割图　　　　　　　c. 轮廓掩膜

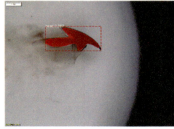 

d. 色素沉积分割图　　　　　　　　e. 色素沉积掩膜

图4-26　上颚轮廓及其色素沉积的模型输出结果

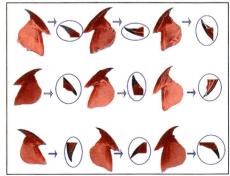 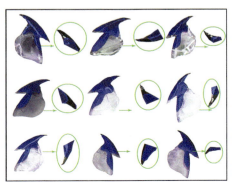

a. 上颚轮廓　　　　　　　　　　　　　b. 上颚色素沉积

图4-27　上颚轮廓及其色素沉积的实验结果

训练模型对角质颚尖点区域的部分丢失。上颚轮廓及其色素沉积的测试集实验结果（图4-28）中，30个测试样本的测试集中图像输出结果与该图像的真实边框的IOU即为分割精确度，其轮廓分割精确度最小精确度为92.65%，最大精确度为94.30%，平均精确度为93.51%；而色素沉积分割精确度最小精确度为92.29%，最大精确度为92.68%，平均精确度为92.43%。

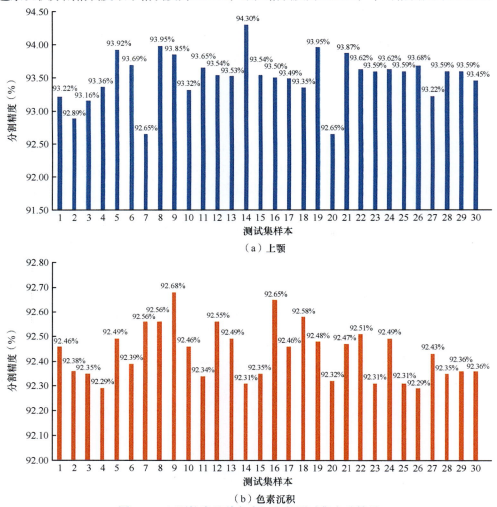

（a）上颚

（b）色素沉积

图4-28　上颚轮廓及其色素沉积的测试集实验结果

2. 下颚

　　下颚轮廓及其色素沉积的模型输出结果如图4-29所示，包括原图、轮廓输出图和色素沉积图。此时，轮廓掩膜所占像素点为94 387，色素沉积所占像素点为54 390，样本色素沉积占比为57.62%。图4-30展示了下颚轮廓及其色素沉积的实验结果，其中放大部分显示训练模型对角质颚尖点区域的部分丢失。图4-31展示了下颚轮廓及其色素沉积的测试集实验结果，共30个测试样本，分割精确度是测试集中图像输出结果与该图像的真实边框的IOU，其轮廓分割精确度最小精确度为89.39%，最大精确度为89.63%，平均精确度为89.52%，而色素沉积分割精确度最小精确度为88.42%，最大精确度为88.65%，平均精确度为88.51%。实验结果表明，把角质颚下颚和色素沉积输入Mask-RCNN模型中训练，可以精确地将其识别分割出来，实现角质颚色素沉积占比的智能化计算。

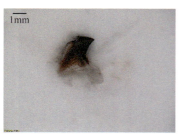
a. 原图

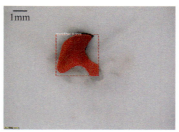
b. 轮廓分割图

c. 轮廓掩膜

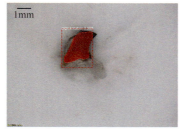

d. 色素沉积分割图

e. 色素沉积掩膜

图4-29　下颌轮廓及其色素沉积的模型输出结果

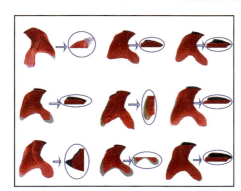
a. 下颌轮廓

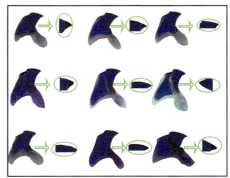
b. 下颌色素沉积

图4-30　下颌轮廓及其色素沉积的实验结果

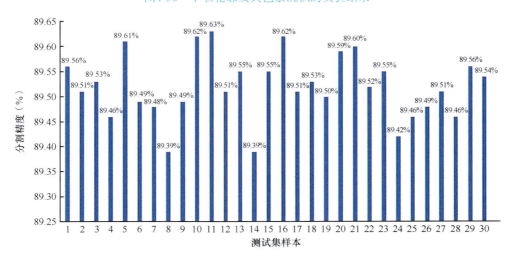

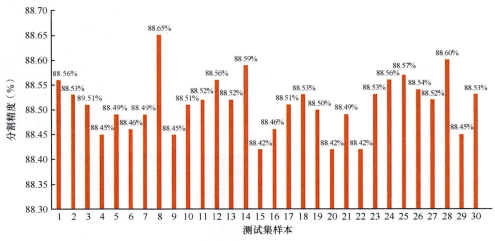

图4-31　下颚轮廓及其色素沉积的测试集实验结果

4.2.2.4　讨论

头足类动物包括鱿鱼、章鱼、船蛸、乌贼和墨鱼等。角质颚是头足类动物的主要摄食器官，其形态稳定、耐腐蚀、储存信息良好，蕴含着大量的生物与生态学信息。角质颚色素沉积的深浅直接影响角质颚硬度，进而影响头足类动物的摄食（陈炫好等，2020）。因此，研究角质颚色素沉积，可以了解头足类的摄食及栖息环境变化。林静远等（2020）研究分析了角质颚色素沉积程度不同的3种头足类，以及茎柔鱼角质颚色素沉积程度不同部位的主要化学成分和碳氢稳定同位素比，结果表明，蛋白质与几丁质含量的高低决定角质颚色素沉积的深浅，这一结论为研究头足类种间食性差异以及个体发育期食性转变奠定了基础。Wollf（1984）对不同头足类物种、相同头足类物种在不同生长阶段的色素沉积进行了观察，发现其角质颚的色素沉积均有差别。Castro和Hernandez-garcia（1995）首次对角质颚色素沉积进行八级分类，并推测色素沉积的加深是为了适应摄食变化。林静远等（2019a）运用微化学技术分析角质颚表面的色素沉积，研究了无色素沉积和有色素沉积之间的化学成分差异，并提出角质颚色素沉积可以反映头足类生物的食性变化和所处环境。胡贯宇等（2016）利用神经网络建立了角质颚色素沉积等级与日龄、胴长、体重、性腺成熟度、上喙长和下翼长之间的模型，发现茎柔鱼角质颚色素沉积与茎柔鱼及其角质颚的生长密切相关，角质颚色素沉积不仅可以反映个体的生长，还可以反映食性的变化。因此，对角质颚色素沉积进行量化分析，可以更精确地得出角质颚的色素沉积占比，为研究头足类动物摄食变化及生存环境奠定基础。

自Krizhevsky等（2012）提出AlexNet网络以来，其强大的学习能力使得深度学习在目标检测领域被广泛使用。目标检测是指在自然图像中定位多个物体的方位和类别，是计算机视觉技术很重要的方向，当前主要有两个发展方向：一步法和两步法。一步法是一种端到端的识别方式，直接采用神经网络估计和回归目标物体的方位和类别，主要代表模型有YOLO（Redmon et al.，2016）、SSD（Liu et al.，2015a）等。两步法是先生成候选框，然后再运算回归各个框的方位和类别，分两步来运算，代表模型有FPN（Lin et al.，2017）、R-CNN（Girshick et al.，2014）、Faster R-CNN（Ren et al.，2015）、Fast

R-CNN（Girshick，2015）、Mask-RCNN（赵爽等，2024）等。其中，Mask-RCNN模型主要用于目标的识别、定位、分割及关键点检测，且对形态和颜色特征效果较好。李画等（2020）将Mask-RCNN模型应用于路面缺陷检测，用来检测裂缝、坑槽、修补等，结果表明该模型可以有效解决路面缺陷检测问题，且可以部分满足实时性要求，具有较强的工程实际应用能力。钟伟镇等（2020）使用Mask-RCNN模型对植物叶片进行分割和识别，实现了植物种类的自动识别和生长状态的自动监测。李大军等（2019）将Mask-RCNN模型运用在建筑物的检测上，结果表明该模型可以检测出建筑物目标，有效提高了航空影像中建筑物检测的准确性。

　　由于角质颚轮廓及其色素沉积的特征明显，本书提出将Mask-RCNN模型运用到色素沉积的自动检测中。通过对角质颚及其色素沉积进行标注和训练，可以将角质颚和色素沉积从图像中识别分割出来，并通过两者的掩膜所占的像素点自动化得出角质颚的色素沉积占比，实现角质颚色素沉积占比的智能化测量。但是，本书仍有进一步改进的地方，比如模型对角质颚和色素沉积尖点部分的识别效果较差，不能很好地识别出它们的完整轮廓。此外，拍摄易受到光照、拍摄角度等一些因素的干扰，易对实验结果造成一定的影响。

第5章
渔业生物智能化识别技术

5.1　基于KNN算法的金枪鱼属鱼类形态指标识别

随着人工智能的迅速发展，机器学习技术在鱼类识别中得到了广泛的应用（Zhao et al.，2021）。机器学习技术主要包括ANN、SVM、DT、RF和KNN等识别算法。在鱼类识别中的相关应用有：Almero等（2020）利用ANN算法对鱼类图像进行识别，训练精确度为93.6%，测试精确度为78%；Freitas等（2016）使用颜色特征对鱼类进行识别，其决策树模型的识别准确率为82%，该研究认为DT算法可用于分析鱼种识别的多类别分类问题；Ogunlana等（2015）提取了鱼类图像中的形态特征，并将鱼类数据分为两个数据集，一个数据集包含76条鱼，作为训练集，另一个数据集包含74条鱼，作为测试集，通过SVM算法对鱼类进行分类，该研究识别准确率为78.59%，可用于有效识别鱼类。KNN算法是机器学习技术使用最广泛的识别算法之一，它对小数据集的鱼类识别应用具有较好的优势（Kutlu et al.，2017；Zhao et al.，2021）。Saputra和Herumurti（2016）通过提取鱼类的纹理特征和形态特征，使用KNN算法对鱼类进行识别，分析结果表明纹理特征识别准确率为83.33%，形态特征识别准确率为63.33%，综合两种特征的识别准确率为86.67%，该研究认为使用KNN算法可对鱼类进行有效识别。

金枪鱼渔业作为我国远洋渔业极为重要的组成部分之一，被誉为"黄金产业"（宋来军和苏晓飞，2011）。而金枪鱼是远洋渔业重要的捕捞对象之一（McCluney et al.，2019），它是个体价值量大的渔获物，具有很高的经济价值和食用价值，在许多国家的经济发展中起着非常重要的作用（Herpandi et al.，2011）。随着我国渔业的不断发展，利用机器学习技术研究重要经济种类和关键种类的生物学特性，对推动渔业资源的最优产出和长期可持续利用起着至关重要的作用（陈新军等，2022）。机器学习技术被用于鱼种识别，主要基于鱼类图像的形态、纹理、颜色和其他特征等，并取得了一些有效的研究进展（Xu et al.，2021）。因此，本节对大眼金枪鱼（*Thunnus obesus*）、黄鳍金枪鱼（*Thunnus albacares*）、长鳍金枪鱼（*Thunnus alalunga*）3种金枪鱼属鱼类的形态指标进行自动化测量，将形态指标数据标准化，并分为全部形态指标数据集、鱼体形态指标数据集和鱼鳍形态指标数据集。利用机器学习KNN算法对不同数据集进行智能化识别，对不同数据集进行评价指标分析，绘制受试者操作特征曲线（ROC）和计算曲线下面积（area under the curve，AUC）值，最后对形态指标的不同数据集进行混淆矩阵分析并得到预测数量和识别精确度。该研究可对金枪鱼属鱼类形态指标进行智能化识别，有效分析金枪鱼属鱼类的属内和种间的生物多样性。

5.1.1　材料与方法

5.1.1.1　材料

本书选取大眼金枪鱼、黄鳍金枪鱼和长鳍金枪鱼（图5-1）作为研究对象，3种金枪鱼属鱼类共300尾，每种各100尾。3种金枪鱼属鱼类都是我国金枪鱼渔业中主要的捕捞对象。海上观察员采集了金枪鱼的数字图像。金枪鱼在图像中水平居中对齐，对图像进行处理，得到高度为400像素、宽度为800像素的图像，然后以JPEG文件格式保存。

a. 大眼金枪鱼

b. 黄鳍金枪鱼

c. 长鳍金枪鱼

图5-1　3种金枪鱼属鱼类

5.1.1.2　方法

3种金枪鱼属鱼类形态指标智能化识别流程主要包括3个步骤：①自动测量获取形态指标；②形态指标的不同数据集划分；③利用不同机器学习KNN算法训练不同数据集，通过训练好的模型对测试集进行识别，得到评价指标、ROC曲线、AUC值以及混淆矩阵（图5-2）。

1. 形态指标自动测量和数据集划分

金枪鱼属鱼类形态指标自动测量的方法及步骤详见第2章2.1节内容。通过自动测量

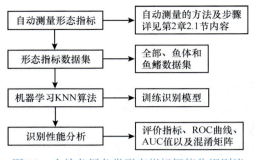

图5-2　金枪鱼属鱼类形态指标智能化识别流程图

方法快速高效得到3种金枪鱼形态指标数据。主要形态指标有全长*ag*、叉长*ah*、体长*af*、体高*bn*、尾鳍宽*gi*、第二背鳍长*cd*、第二背鳍基底长*ce*、臀鳍长*ml*、臀鳍基底长*mk*、尾柄高*fj*、头一鳍长*ab*、头二鳍长*ac*、头臀鳍长*am*，形态指标值的单位为像素（图2-3）。设置已知13个形态指标值中的任意1个实际值，可立即得出其他12个实际值。本节以金枪鱼叉长的实际值与像素值的关系计算出其他12个形态指标的实际值，并将12个形态指标分别除以叉长得到标准化后的形态指标数据。

将12个形态指标划分为3组数据集，分别为全部形态指标数据集、鱼体形态指标数据集和鱼鳍形态指标数据集。其中，鱼体形态指标数据集划分依据形态指标涉及鱼体体内，鱼鳍形态指标数据集划分依据形态指标涉及鱼鳍部分。全部形态指标数据集包含全部12个形态指标；鱼体形态指标数据集主要形态指标有6个，分别是体长、体高、尾柄高、头一鳍长、头二鳍长和头臀鳍长；鱼鳍形态指标数据集主要形态指标有6个，分别是全长、尾鳍宽、第二背鳍长、第二背鳍基底长、臀鳍长和臀鳍基底长。

2. 机器学习KNN算法

KNN是对于任意一个新的数据集，通过确定待识别样本与已知类别的训练样本间的距离，找出与待识别样本距离最近的*K*个样本，再利用这些样本所属的类别分析待识别样本的类别（Cover，1968；路敦利等，2017）。KNN是机器学习技术最为常用的识别算法之一（Cover，1968），其识别原理易于理解，并能有效识别研究对象的优势。

3. 评价指标

机器学习KNN算法的性能通过准确率、召回率和F1值进行衡量（Politikos et al.，2021）。其中，准确率（Precision）是KNN算法识别预测的正例金枪鱼中预测正确的比率。召回率（Recall）是KNN算法识别预测正确的正例金枪鱼占真正例和假反例的比率。F1值是准确率和召回率的综合指标，能更好地反映模型的整体性能。上述3个评价指标的公式定义如下：

$$Precision = \frac{TP}{TP + FP} \tag{5-1}$$

$$Recall = \frac{TP}{TP + FN} \tag{5-2}$$

$$F1 = 2\frac{Precision \times Recall}{Precision + Recall} \tag{5-3}$$

式中，TP为真正例，在正例样本中预测正确；TN为真反例，在反例样本中预测正确；FP为假正例，在正例样本中预测不正确；FN为假反例，在反例样本中预测不正确。

4. ROC曲线和AUC值

本章引入ROC曲线对KNN算法的识别性能进行评估。ROC曲线的x轴为假正例率（FPR），y轴为真正例率（TPR）。AUC值是ROC曲线下的面积。AUC值在0和1之间（Ren et al.，2023；Dogan et al.，2023）。相关计算公式如下：

$$TPR = \frac{TP}{TP + FN} \tag{5-4}$$

$$FPR = \frac{FP}{FP+TN} \tag{5-5}$$

$$AUC = \frac{1 + TPR - FPR}{2} \tag{5-6}$$

5. 混淆矩阵

混淆矩阵是一种表示预测结果的矩阵。混淆矩阵可用于分析KNN算法对金枪鱼测试数据集的性能。本书以真实金枪鱼种类和分类预测的金枪鱼种类为标准，以矩阵形式进行绘制，主要是利用数据集的TP、TN、FP和FN绘制不同金枪鱼的混淆矩阵。

6. 数据处理

本书通过自动测量得到3种金枪鱼属鱼类的12个形态指标数据，并将12个形态指标分别除以叉长得到标准化后的形态指标数据。再将形态指标数据划分成3组数据集，分别为全部形态指标数据集、鱼体形态指标数据集和鱼鳍形态指标数据集。不同数据集都分为训练集和测试集，其中80%为训练集，20%为测试集。KNN算法设置参数K为4。对不同数据集都进行指标评估，包括ROC曲线和AUC值以及混淆矩阵方法分析。

7. 实验环境

实验环境包括：计算机处理器为Intel（R）Core（TM）i7-7700HQ CPU @ 2.80GHz；主板型号为LNVNB161216；主硬盘为NVMe SAMSUNG MZVLW128（119 GB）；显卡为Intel（R）HD Graphics 630（1024 MB）和NVIDIA GeForce GTX 1060（6144 MB）；处理软件为Python 3.6.6。

5.1.2　结果

5.1.2.1　不同形态指标数据集的评价指标分析

对3种金枪鱼属鱼类进行评价指标分析，结果表明，金枪鱼形态指标在不同数据集上具有不同的识别性能。全部形态指标数据集的评价指标分析中，3种金枪鱼属鱼类的准确率、召回率和F1值的均值分别为0.87、0.87和0.86（表5-1），其中黄鳍金枪鱼的识别性能最好，它的准确率、召回率和F1值分别为0.91、1.00和0.95。鱼体形态指标数据集的评价指标分析中，3种金枪鱼属鱼类的准确率、召回率和F1值的均值均为0.83（表5-2），其中不同金枪鱼鱼种的识别性能分析中黄鳍金枪鱼仍然是最好的，它的准确率、召回率和F1值分别为0.86、0.90和0.88。鱼鳍形态指标数据集的评价指标分析中，金枪鱼属鱼类的准确率、召回率和F1值的均值分别为0.91、0.90和0.90（表5-3），鱼鳍形态指标数据集与前两个数据集的分析结果一致，也是黄鳍金枪鱼识别性能最佳，它的准确率、召回率和F1值分别为1.00、0.95和0.97。

表5-1 全部形态指标的性能评价指标值

鱼种	准确率	召回率	F1 值	鱼种	准确率	召回率	F1 值
大眼金枪鱼	0.82	0.90	0.86	长鳍金枪鱼	0.88	0.70	0.78
黄鳍金枪鱼	0.91	1.00	0.95	均值	0.87	0.87	0.86

表5-2 鱼体形态指标的性能评价指标值

鱼种	准确率	召回率	F1 值	鱼种	准确率	召回率	F1 值
大眼金枪鱼	0.82	0.90	0.86	长鳍金枪鱼	0.82	0.70	0.76
黄鳍金枪鱼	0.86	0.90	0.88	均值	0.83	0.83	0.83

表5-3 鱼鳍形态指标的性能评价指标值

鱼种	准确率	召回率	F1 值	鱼种	准确率	召回率	F1 值
大眼金枪鱼	0.83	0.95	0.88	长鳍金枪鱼	0.89	0.80	0.84
黄鳍金枪鱼	1.00	0.95	0.97	均值	0.91	0.90	0.90

5.1.2.2 金枪鱼属鱼类的ROC曲线和AUC值

ROC曲线和AUC值分析结果表明，3种金枪鱼属鱼类在不同形态指标数据集的识别性能分析中存在差异。金枪鱼形态指标在不同数据集的AUC值的均值分别是：全部形态指标数据集为0.931，鱼体形态指标数据集为0.926，鱼鳍形态指标数据集为0.951。在全部形态指标数据集的AUC值中，黄鳍金枪鱼性能最好，为0.971，其次是大眼金枪鱼，为0.922（图5-3a）。鱼体形态指标数据集的AUC值与全部形态指标数据集不同，大眼金枪鱼性能最好，为0.956，其次是黄鳍金枪鱼，为0.939（图5-3b）。鱼鳍形态指标数据集的AUC值分析与全部形态指标数据集一致，黄鳍金枪鱼性能最好，为0.996，其次是大眼金枪鱼，为0.944（图5-3c）。

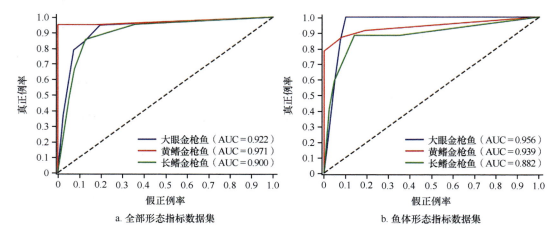

a. 全部形态指标数据集   b. 鱼体形态指标数据集

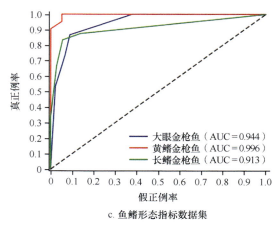

c. 鱼鳍形态指标数据集

图5-3　3种金枪鱼属鱼类的ROC曲线和AUC值

5.1.2.3　金枪鱼属鱼类形态指标的KNN混淆矩阵预测数量分析

利用金枪鱼属鱼类的形态指标进行KNN混淆矩阵预测数量分析，结果显示，不同形态指标数据集的混淆矩阵预测数量结果存在显著差异。在全部形态指标数据集的混淆矩阵预测数量分析中，大眼金枪鱼预测正确的为18尾，预测误判为长鳍金枪鱼的为2尾；黄鳍金枪鱼预测正确的为20尾；长鳍金枪鱼预测正确的为14尾，其中预测误判为大眼金枪鱼的为4尾，预测误判为黄鳍金枪鱼的为2尾（图5-4a）。在鱼体形态指标数据集的混淆矩阵预测数量分析中，大眼金枪鱼预测正确的为18尾，预测误判为长鳍金枪鱼的为2尾；黄鳍金枪鱼预测正确的为18尾，预测误判为大眼金枪鱼和长鳍金枪鱼的各为1尾；长鳍金枪鱼预测正确的为14尾，预测误判为大眼金枪鱼和黄鳍金枪鱼的各为3尾（图5-4b）。鱼鳍形态指标数据集的混淆矩阵预测数量分析中，大眼金枪鱼预测正确的为19尾，预测误判为长鳍金枪鱼的为1尾；黄鳍金枪鱼预测正确的也为19尾，预测误判为长鳍金枪鱼的为1尾；长鳍金枪鱼预测正确的为16尾，预测误判为大眼金枪鱼的为4尾（图5-4c）。

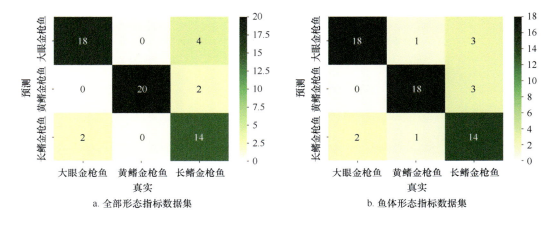

a. 全部形态指标数据集　　　　　　　b. 鱼体形态指标数据集

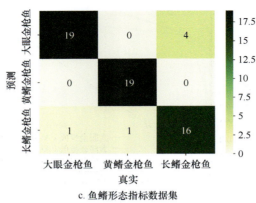

c. 鱼鳍形态指标数据集

图5-4　KNN混淆矩阵的预测数量

5.1.2.4　金枪鱼属鱼类形态指标的KNN混淆矩阵识别精确度分析

KNN混淆矩阵识别精确度分析结果表明，不同形态指标数据集对3种金枪鱼属鱼类的识别效果均较好。全部形态指标数据集的识别精确度分析中，金枪鱼属鱼类的平均识别精确度为87%，其中大眼金枪鱼识别精确度为90%、黄鳍金枪鱼识别精确度为100%、长鳍金枪鱼识别精确度为70%（图5-5a）。鱼体形态指标数据集的识别精确度分析中，金枪鱼属鱼类平均识别精确度为83%，其中大眼金枪鱼和黄鳍金枪鱼识别精确度均为

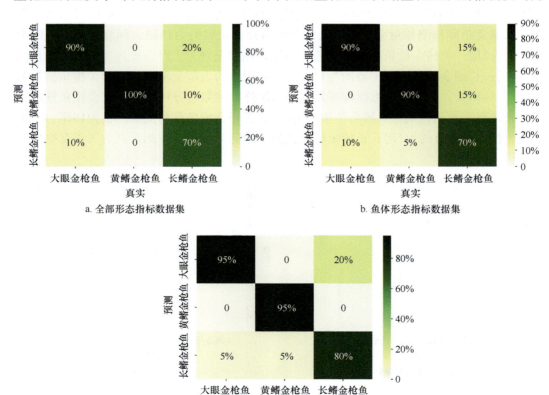

a. 全部形态指标数据集　　　　　　　　　　　　b. 鱼体形态指标数据集

c. 鱼鳍形态指标数据集

图5-5　KNN混淆矩阵的识别精确度

90%，长鳍金枪鱼识别精确度较差，为70%（图5-5b）。鱼鳍形态指标数据集的识别精确度分析中，金枪鱼属鱼类平均识别精确度为90%，其中大眼金枪鱼和黄鳍金枪鱼的识别精确度均为95%，长鳍金枪鱼识别精确度则为80%（图5-5c）。

5.1.3　讨论

5.1.3.1　金枪鱼属鱼类形态指标自动识别的可行性分析

本书中3种金枪鱼同属不同种，它们的属内和属间形态具有显著的生物信息特异性。而大眼金枪鱼、黄鳍金枪鱼和长鳍金枪鱼为同属金枪鱼，它们的整体形态又具有明显的一致性。由于鱼类整体形态与其遗传基因和生长环境的关系密切，在长距离洄游环境因素的影响下，鱼体形态会呈现流线形（欧利国和刘必林，2019）。金枪鱼是大型远洋鱼类，分布在各个大洋并进行跨洋迁徙（Madigan et al.，2014）。因此，3种金枪鱼属鱼类的整体形态均表现出明显的流线形体征（或纺锤形体征）。3种金枪鱼属鱼类在属内具有明显的共性特征，但其种间生物信息特异性也十分显著。大眼金枪鱼的形态体征表现为鱼体结实，其体高大于黄鳍金枪鱼和长鳍金枪鱼，鱼体表现出更为强壮的生物信息特异性。黄鳍金枪鱼的形态体征表现为鱼体体高稍窄，明显特征是第二背鳍和臀鳍长于大眼金枪鱼和长鳍金枪鱼。长鳍金枪鱼的形态特征变化处于二者之间，体高不如大眼金枪鱼，但与黄鳍金枪鱼相近，第二背鳍和臀鳍的长度与大眼金枪鱼相近，但不如黄鳍金枪鱼。

研究鱼类形态具有十分重要的实际意义。生物学家和相关领域研究者利用鱼类形态特征研究鱼类与其生态系统关联性的功能作用（Goatley and Bellwood，2009）。此外，鱼类形态可能与其栖息物种的状况变化等有关联，还具有一定的经济意义（Unsworth and Cullen，2010；Osborne et al.，2021）。而鱼类形态分析是渔业可持续发展和保护鱼类生物多样性的首要任务。因此，本书基于金枪鱼属鱼类的属内和种间形态特异性对12个形态指标进行分析，依据其生物信息特异性，将12个形态指标中涉及鱼体体内的形态指标分为一组，用于研究金枪鱼属属内的整体形态，将12个形态指标中涉及鱼鳍部分的形态指标分为一组，用于分析金枪鱼属种间的局部生物信息差异。最后将全部形态指标、鱼体形态指标和鱼鳍形态指标进行对比，用于后续KNN算法智能化识别金枪鱼属鱼类的性能分析研究。

5.1.3.2　KNN算法对金枪鱼属鱼类形态指标的识别性能

本书通过分析金枪鱼属鱼类形态的属内和种间差异，从而确定对应形态指标，进而为KNN算法的自动识别奠定生物科学理论基础。利用KNN算法对金枪鱼属鱼类形态指标的不同数据集进行识别分析并得到评价指标的性能分析结果。全部形态指标数据集的平均性能为0.87，鱼体形态指标数据集的平均性能为0.83，鱼鳍形态指标数据集的平均性能为0.90。其中，全部形态指标数据集的平均性能居于鱼体形态指标数据集和鱼鳍形态指标数据集之间，而鱼鳍形态指标数据集的平均性能优于鱼体形态指标数据集，表明金枪鱼属鱼类在属内的整体形态变化不如种间不同种的局部形态特征变化大。此外，在不同金枪鱼形态指标数据集平均性能分析中，全部形态指标数据集的大眼金枪鱼为0.86，黄鳍金枪鱼为0.95，长鳍金枪鱼为0.79；鱼体形态指标数据集的大眼金枪鱼为0.86，黄鳍金枪鱼为0.88，长鳍金枪鱼为0.76；鱼鳍形态指标数据集的大眼金枪鱼为0.89，黄鳍金枪鱼为0.97，长鳍金枪鱼为0.84。在评价指标的不同种金枪鱼平均性能结果对比发现，黄鳍金枪鱼识别性能最佳，大眼金枪鱼次之，长鳍金枪鱼较差，进一步表明金枪鱼形态指标自动识别受到生物信息特异性的显著影响。

本书金枪鱼属鱼类的ROC曲线和AUC值分析结果中，鱼体形态指标数据集中，大眼金枪鱼的AUC值最大，黄鳍金枪鱼的AUC值次之，长鳍金枪鱼的AUC值最小，表明大眼金枪鱼整体形态在金枪鱼属鱼类中最为显著，直接影响鱼体形态指标识别性能的分析结果。鱼鳍形态指标数据集中，黄鳍金枪鱼的AUC值最大，大眼金枪鱼的AUC值次之，长鳍金枪鱼的AUC值最小，表明黄鳍金枪鱼局部形态指标特征的影响大于其他两种金枪鱼。而全部形态指标数据集是鱼体形态指标数据集和鱼鳍形态指标数据集的综合指标，其ROC曲线和AUC值分析结果与鱼鳍形态指标数据一致，间接表明鱼鳍形态指标的影响大于鱼体形态指标。

通过KNN算法对金枪鱼属鱼类进行混淆矩阵预测数量和识别精确度分析，结果表明3种金枪鱼属鱼类的识别效果均较好。在全部形态指标数据集的混淆矩阵预测数量分析中，黄鳍金枪鱼预测效果最佳，大眼金枪鱼预测效果次之，长鳍金枪鱼预测效果较差。而鱼体形态指标数据集和鱼鳍形态指标数据集的混淆矩阵预测结果一致，大眼金枪鱼和黄鳍金枪鱼预测效果相同，长鳍金枪鱼较差。KNN算法对金枪鱼属鱼类的混淆矩阵识别精确度和预测数量精确度结果具有一致性。在不同形态指标数据集的混淆矩阵识别精确度上，鱼鳍形态指标数据集的性能最好，平均识别精确度为90%，其次为全部形态指标数据集，平均识别精确度为87%，鱼体形态指标数据集的平均识别精确度为83%。在其他鱼类生物学的研究中，利用形态指标对鱼类进行分析也具有很好的识别效果（郭弘艺等，2007；叶振江等，2010；欧利国和刘必林，2019）。因此，通过KNN算法的混淆矩阵对金枪鱼属鱼类形态指标的分析，不仅能利用形态指标研究金枪鱼属鱼类的生物多样性，还能进一步验证KNN算法对金枪鱼属鱼类形态指标智能化识别的性能和效果。

5.2　基于不同机器学习算法的金枪鱼属鱼类形态轮廓特征识别

机器学习技术是计算机视觉技术的核心，是实现鱼类自动识别的关键技术。机器学习技术与高性能计算机相结合，可以挖掘数据中的高维特征和深度信息，从而为智能化鱼类生物学研究提供新技术和新方法，并将渔业引入新时代（Liakos et al.，2018；Alsmadi and Almarashdeh，2022）。生物学家和相关科学家已经基于机器学习技术对鱼类物种识别进行了研究。鱼类物种识别通常通过收集鱼类图像、提取鱼类图像特征和构建识别模型来实现（Hu et al.，2012）。机器学习技术已被用于提取鱼类图像的形态、颜色、纹理和其他特征以识别鱼类物种，并取得了一定的进展（Brosnan and Sun，2002）。深度学习是机器学习的重要领域之一，卷积神经网络（convolution neural network，CNN）是最著名的深度学习方法（Bui et al., 2016；Iqbal et al., 2021），CNN在鱼类识别中具有良好的性能。这主要是由于深度学习技术不需要提前进行任何特征提取，通过输入鱼类图像可直接输出识别结果（Iqbal et al., 2021）。此外，深度学习在对鱼类特征提取方面具有很好的优越性，相关研究将CNN模型作为鱼类特征提取工具。CNN模型提取鱼类特征作为深度数据，并结合机器学习技术进行识别研究。Tamou等（2018）使用预训练的AlexNet网络从鱼类图像数据集中提取特征，并使用线性SVM分类器，其实验结果达到了99.45%的精确度。Deep和Dash（2019）使用深度学习技术对鱼类进行识别，CNN的识别精确度为99%，CNN-SVM的识别精确度为98%，CNN-KNN的识别精确度为99%。

随着海洋捕捞规模的不断扩大，金枪鱼生物多样性的研究越来越受到重视。在这一阶段，金枪鱼渔业正向智能化的新型可持续捕捞模式转变。由于形态信息是验证物种内部或物种之间的地位和亲缘关系的重要因素（Rahayu et al., 2023），而其形态轮廓特征是分析金枪鱼生物特异性的重要依据，因此本书提出了一种基于不同机器学习算法的金枪鱼属鱼类形态轮廓特征的智能化识别方法，利用椭圆傅里叶变换（EFT）和卷积神经网络对金枪鱼属鱼类形态轮廓信息进行提取，分别得到椭圆傅里叶变换特征（EFT特征）和深度特征，并研究同属不同种金枪鱼的生物多样性，以及分析不同机器学习算法对不同形态特征的识别性能。

5.2.1　材料与方法

5.2.1.1　材料

本书选取大眼金枪鱼（*Thunnus obesus*）、黄鳍金枪鱼（*Thunnus albacares*）和长鳍金枪鱼（*Thunnus alalunga*）各100尾作为研究对象（图5-6），3种金枪鱼都是金枪鱼渔业中最重要的商业金枪鱼。海上观察员采集了金枪鱼的数字图像。金枪鱼在图像中水平居中对齐，对图像进行处理得到高度为400像素、宽度为800像素的图像，然后以JPEG文件格式保存。

金枪鱼原图　　　　　　　　　　　　　　金枪鱼形态轮廓

a. 大眼金枪鱼

b. 黄鳍金枪鱼

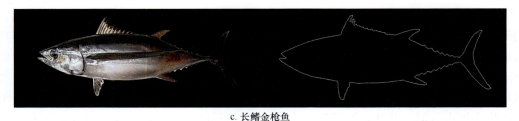

c. 长鳍金枪鱼

图5-6 3种金枪鱼属鱼类

5.2.1.2 方法

基于机器学习算法的金枪鱼属鱼类形态轮廓的智能化识别过程主要包括三个步骤：①对金枪鱼图像预处理得到形态轮廓图像；②利用椭圆傅里叶变换获取椭圆傅里叶变换特征数据（EFT特征数据），利用深度卷积神经网络获取形态轮廓的深度特征数据；③利用不同机器学习算法训练两种形态特征数据，通过训练好的模型对测试集进行识别，得到评价指标、ROC曲线、AUC值以及混淆矩阵（图5-7）。

1. 金枪鱼图像预处理

利用计算机视觉库OpenCV对3种金枪鱼属鱼类的图像进行预处理，主要采用双边滤波、灰度变换、图像二值化和轮廓提取等图像处理技术，得到金枪鱼属鱼类的轮廓图像。再对金枪鱼属鱼类轮廓图像进行处理，分别得到高度为400像素、宽度为800像素和高度为224像素、宽度为224像素的两份不同大小的图像数据集。

2. 椭圆傅里叶变换特征和形态重建

椭圆傅里叶描述子（EFD）可以描绘具有闭合二维轮廓的任何类型的形状（Kuhl and Giardina，1982）。通过Python的"pyefd"程序可实现椭圆傅里叶变换，作用于每尾金枪鱼形态轮廓图像，生成20次谐波，每个谐波由4个系数组成，则每个金枪鱼形态轮廓有80个系数。每个金枪鱼形态轮廓的前3个系数为固定值：$a_1=1$、$b_1=1$、$c_1=0$。因此，对于椭圆傅里叶变换分析，每尾金枪鱼形态轮廓由77个系数（EFT特征）表示。最后对金枪鱼的形态轮廓进行重建，重建的谐次数为1~20。详细步骤见第3章3.2.1.2节内容。

3. 深度特征和卷积神经网络可视化

将金枪鱼形态轮廓图像（224×224）输入VGG16模型，对每个卷积块的第一个卷积层进行可视化分析，并输出VGG16模型的5个卷积层的平均图像。通过VGG16模型提取深度特征以表征金枪鱼的形态轮廓信息，并在全连接层的第二层输出深度特征数据，用以分析3种金枪鱼。其中，每尾金枪鱼形态轮廓图像的深度特征数据均有4096个。详细步骤见第3章3.2.1.2节。

4. 机器学习算法

本书采用支持向量机（SVM）、随机森林（RF）和K近邻（KNN）3种机器学习算法。SVM是一种广泛应用于鱼类识别的机器学习方法，它可以使用核函数执行非线性识别，将数据输入映射到转换后的高维特征空间，并找到具有最小预测误差的超平面（Ren et al.，2023），而径向基核函数（RBF）是SVM算法参数优化的核函数之一。RF是一种利用多个决策树对研究对象进行分类的集成机器学习算法。在RF中，决策树的数量越多，它的泛化误差越会逐渐收敛（Zhu et al.，2020）。KNN是机器学习的识别算法之一，对于任意一个新的数据集，KNN通过确定待识别样本与已知类别的训练样本间的距离，找出与待识别样本距离最近的K个样本，再利用这些样本所属的类别分析待识别样本的类别（Zhao et al.，2021）。

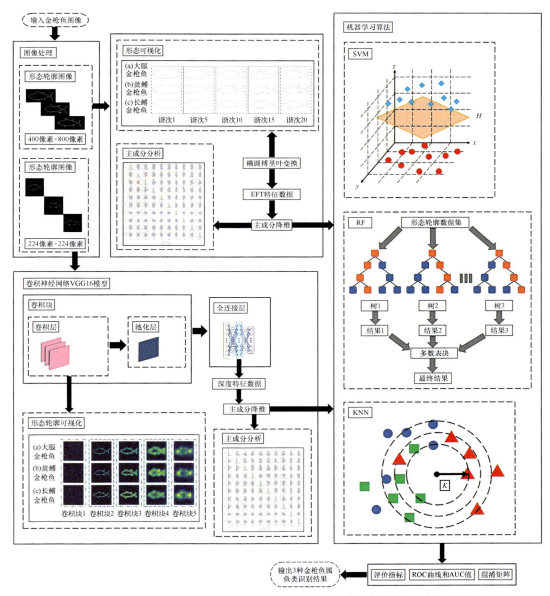

图5-7　基于机器学习算法的金枪鱼属鱼类形态轮廓的智能化识别流程图

5. 评价指标

机器学习算法的性能通过准确率、召回率和F1值进行衡量（Politikos et al.，2021）。其中，准确率（Precision）是机器学习算法识别预测的正例金枪鱼中预测正确的比率。召回率（Recall）是机器学习算法识别预测正确的正例金枪鱼占真正例和假反例的比率。F1值是准确率和召回率的综合指标，能更好地反映模型的整体性能。

6. ROC曲线和AUC值

本书通过ROC曲线对机器学习算法识别性能进行评估。ROC曲线的x轴为假正例率（FPR），y轴为真正例率（TPR）。AUC值是ROC曲线下的面积。AUC值在0和1之间（Ren et al.，2023；Dogan et al.，2023）。

7. 混淆矩阵

混淆矩阵是一种表示预测结果的矩阵。混淆矩阵可用于分析机器学习算法对金枪鱼测试数据集的性能。本书以真实金枪鱼种类和分类预测的金枪鱼种类为标准，以矩阵形式进行绘制，主要是利用数据集的TP、TN、FP和FN绘制不同金枪鱼的混淆矩阵。

8. 数据处理

本书利用椭圆傅里叶变换获得EFT特征，并进行金枪鱼形态轮廓重建。利用VGG16模型提取金枪鱼形态轮廓的深度特征，并对VGG16模型的每个卷积块的第一个卷积层进行金枪鱼形态轮廓图像可视化。EFT特征数据为77个，深度特征数据为4096个，得到的EFT特征数据和深度特征数据均为归一化数据。本书使用主成分分析对两种不同的特征数据进行降维，保留前10个主成分用于数据分析，绘制主成分分析图。不同形态特征数据集划分为80%的训练集和20%的测试集。此外，SVM的参数设置为$C=60$，$\gamma= 0.5$；RF的参数设置为estimators=100，criterion ="gini"；KNN的参数设置为$K=1$。

9. 实验环境

实验环境包括：计算机处理器为Intel（R）Core（TM）i7-7700HQ CPU @ 2.80GHz；主板型号为LNVNB161216；主硬盘为NVMe SAMSUNG MZVLW128（119 GB）；显卡为Intel（R）HD Graphics 630（1024 MB）和NVIDIA GeForce GTX 1060（6144 MB）；处理软件为Python 3.6.6。

5.2.2 结果

5.2.2.1 金枪鱼属鱼类形态可视化

通过对金枪鱼属鱼类形态轮廓特征进行可视化分析，发现椭圆傅里叶变换和深度卷积神经网络VGG16模型都能有效表征金枪鱼属鱼类的形态特异性。利用椭圆傅里叶变换对同属不同种金枪鱼形态进行可视化重建，第1个谐次数变换都是椭圆；在第5个谐次数时，3种金枪鱼属鱼类的形态轮廓重建初步表现出鱼种特征，即金枪鱼形态轮廓初步形成；在第20个谐次数时，形态轮廓重建结果基本与原始金枪鱼形态特征一致，具有鱼种特异性（图5-8）。通过可视化每个卷积块的第一个卷积层，发现深度卷积神经网络VGG16模型能直接获取金枪鱼属鱼类形态信息，从第一个卷积块的第一个卷积层到第四个卷积块的第一个卷积层，卷积过程中能观察到金枪鱼属鱼类的形态特异性，在第五个卷积块的第一个卷积层已经将金枪鱼属鱼类的形态信息转换成深度信息（图5-9）。

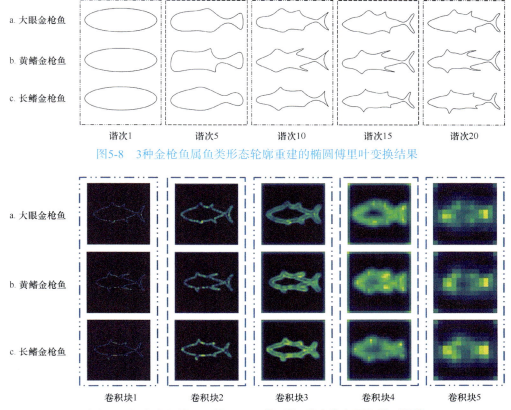

图5-8　3种金枪鱼属鱼类形态轮廓重建的椭圆傅里叶变换结果

图5-9　深度卷积神经网络VGG16模型的3种金枪鱼属鱼类可视化

5.2.2.2　金枪鱼属鱼类主成分分析

　　金枪鱼属鱼类两种形态轮廓特征的主成分分析结果显示，EFT特征和深度特征均能很好地提取3种金枪鱼属鱼类的形态信息。从第一个主成分到第十个主成分，EFT特征数据的累计贡献率为83%，深度特征数据的累计贡献率为82%（表5-4）。其中，EFT特征数据的第一个主成分贡献率为27%，深度特征数据的第一个主成分贡献率为42%。在图5-10中，EFT特征数据的主成分分析显示，不同主成分之间金枪鱼的种类差异不明显，每两个主成分不能很好地区分3种金枪鱼。但是，从斜对线的单个主成分分析可以看出，3种金枪鱼的种类之间存在差异。在图5-11中，深度特征数据的主成分分析结果与EFT特征数据的结果类似。

表5-4　不同主成分的贡献率　　　　　　　　　　　　　　　　　　（%）

主成分	EFT 特征	深度特征	主成分	EFT 特征	深度特征
PC1	27	42	PC7	4	2
PC2	16	15	PC8	3	1
PC3	10	9	PC9	3	1
PC4	8	5	PC10	2	1
PC5	5	3	累计贡献率	83	82
PC6	5	3			

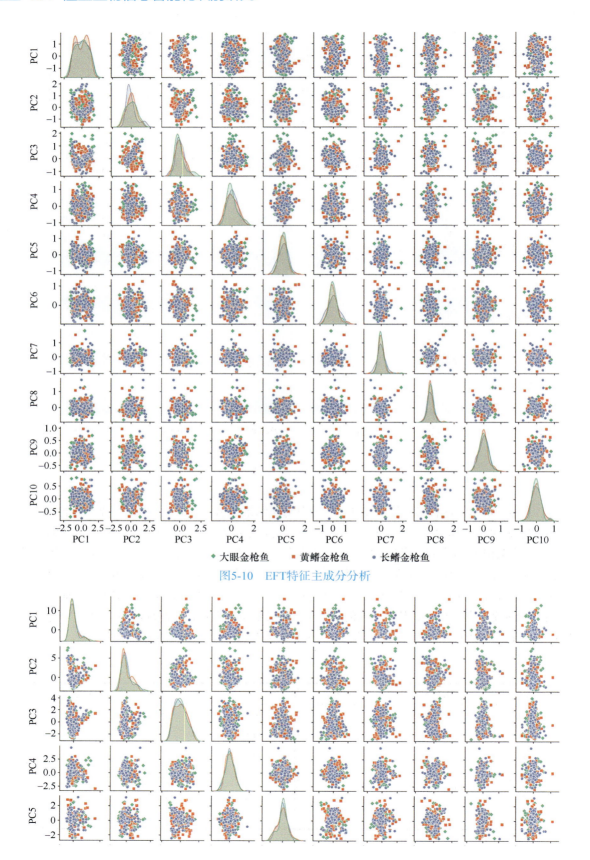

图5-10 EFT特征主成分分析

大眼金枪鱼　黄鳍金枪鱼　长鳍金枪鱼

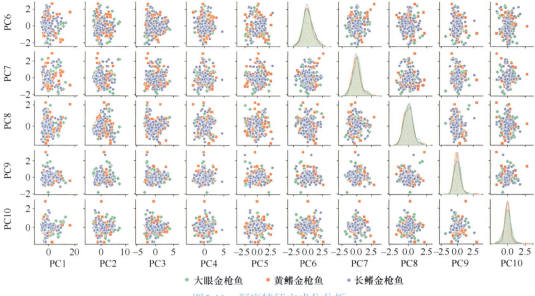

大眼金枪鱼　　黄鳍金枪鱼　　长鳍金枪鱼

图5-11　深度特征主成分分析

5.2.2.3　不同机器学习算法的评价指标

对3种金枪鱼属鱼类的评价指标分析结果显示，不同机器学习算法在不同形态特征上具有不同的识别性能。EFT特征的评价指标分析结果显示，不同机器学习算法的准确率、召回率和F1值的均值均为0.82。其中，KNN的平均性能最高，它的准确率、召回率和F1值均值分别为0.89、0.88和0.88（表5-5）。深度特征的3种机器学习算法的准确率、召回率和F1值的均值分别为0.87、0.86和0.86（表5-6）。其中，SVM为最佳，准确率为0.91，召回率为0.90，F1值为0.90。

表5-5　EFT特征的性能评价指标值

算法	物种	准确率	召回率	F1 值
SVM	大眼金枪鱼	0.84	0.80	0.82
	黄鳍金枪鱼	0.94	0.85	0.89
	长鳍金枪鱼	0.78	0.90	0.84
	均值	0.85	0.85	0.85
RF	大眼金枪鱼	0.78	0.70	0.74
	黄鳍金枪鱼	0.62	0.75	0.68
	长鳍金枪鱼	0.78	0.70	0.74
	均值	0.73	0.72	0.72
KNN	大眼金枪鱼	0.86	0.90	0.88
	黄鳍金枪鱼	0.86	0.90	0.88
	长鳍金枪鱼	0.94	0.85	0.89
	均值	0.89	0.88	0.88

表5-6　深度特征的性能评价指标值

算法	种	准确率	召回率	F1 值
SVM	大眼金枪鱼	1.00	0.80	0.89
	黄鳍金枪鱼	0.82	0.90	0.86
	长鳍金枪鱼	0.91	1.00	0.95
	均值	0.91	0.90	0.90
RF	大眼金枪鱼	0.77	0.85	0.81
	黄鳍金枪鱼	0.83	0.75	0.79
	长鳍金枪鱼	0.85	0.85	0.85
	均值	0.82	0.82	0.82
KNN	大眼金枪鱼	0.94	0.85	0.89
	黄鳍金枪鱼	0.89	0.80	0.84
	长鳍金枪鱼	0.79	0.95	0.86
	均值	0.87	0.87	0.86

5.2.2.4　金枪鱼属鱼类的ROC曲线和AUC值

通过ROC曲线和AUC值对不同机器算法的金枪鱼鱼种的识别性能进行分析，结果显示，金枪鱼两个形态特征的平均AUC值分析中，KNN性能最佳，平均AUC值为0.869，其次是SVM，平均AUC值为0.8453，RF的平均AUC值为0.844（图5-12）。EFT特征的平均AUC值为0.8292，深度特征的平均AUC值则为0.8763，因此AUC值验证了EFT特征和深度特征之间的形态信息识别性能存在差异，并且EFT特征与深度特征在不同的算法上具有各自的优势。

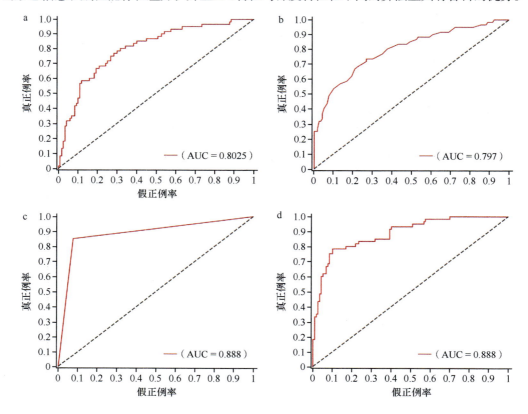

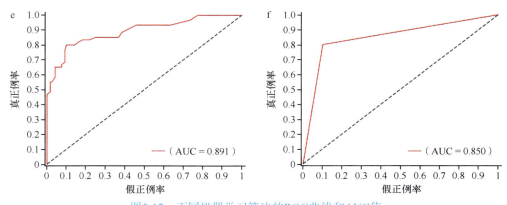

图5-12　不同机器学习算法的ROC曲线和AUC值

a、b、c为EFT特征；d、e、f为深度特征。a和d表示SVM；b和e表示RF；c和f表示KNN

5.2.2.5　利用混淆矩阵对EFT特征和深度特征进行比较

利用EFT特征和深度特征进行预测数量分析，3种金枪鱼属鱼类的不同机器学习算法预测数量如图5-13所示。基于EFT特征的预测数量结果显示，KNN预测误判数量最少，其次是SVM，其中KNN预测大眼金枪鱼、黄鳍金枪鱼和长鳍金枪鱼的误判数量分别为2尾、2尾和3尾。深度特征的预测数量结果与EFT特征的结果不同，SVM预测误判数量最少，其次是KNN，其中SVM预测大眼金枪鱼、黄鳍金枪鱼和长鳍金枪鱼的误判数量分别为4尾、2尾和0尾。

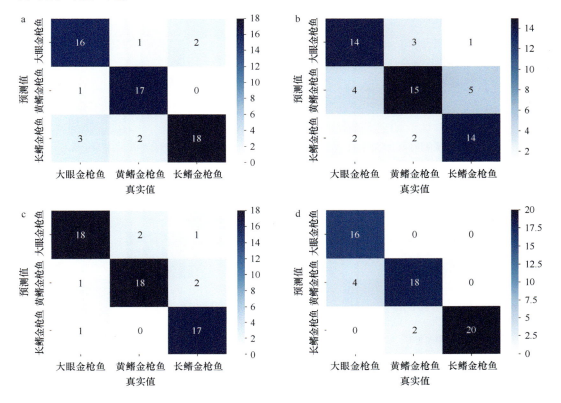

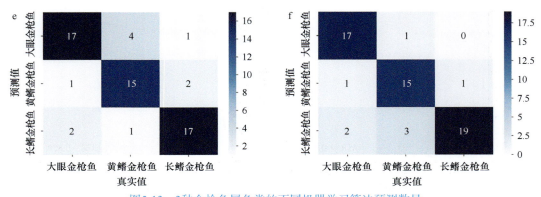

图5-13　3种金枪鱼属鱼类的不同机器学习算法预测数量

a、b、c为EFT特征；d、e、f为深度特征。a和d表示SVM；b和e表示RF；c和f表示KNN

利用EFT特征和深度特征进行不同机器学习算法的识别精确度分析，结果表明两种特征都能较好地识别金枪鱼。在不同机器学习算法中，EFT特征的平均识别精确度为82%，深度特征的平均识别精确度为86%（图5-14）。EFT特征在KNN算法的识别性能表现最佳，对大眼金枪鱼、黄鳍金枪鱼和长鳍金枪鱼的识别精确度分别为90%、90%和85%。深度特征在SVM算法中表现出最佳的识别性能，对大眼金枪鱼、黄鳍金枪鱼和长鳍金枪鱼的识别精确度分别为80%、90%和100%。

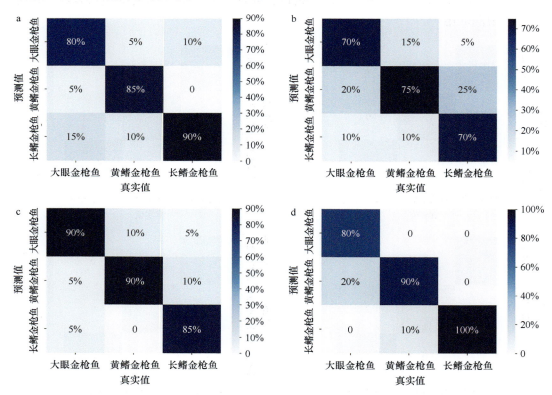

第 5 章　渔业生物智能化识别技术　109

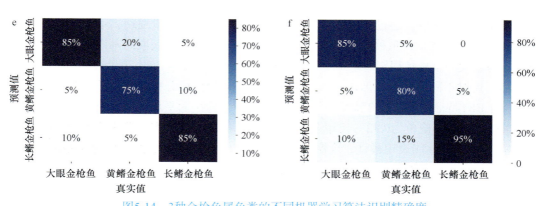

图5-14　3种金枪鱼属鱼类的不同机器学习算法识别精确度
a、b、c为EFT特征；d、e、f为深度特征。a和d表示SVM；b和e表示RF；c和f表示KNN

5.2.3　讨论

5.2.3.1　金枪鱼属鱼类形态的可视化分析

研究鱼类的形态具有重要意义，其形态特征通常被用作预测鱼类在生态系统中的功能作用的工具（Goatley and Bellwood，2009）。一方面，形态特征由鱼类的性质决定，许多鱼类可以适应生态系统的改变，因为它们的形态是天然可塑的（Whitfield and Elliott，2002；Elliott et al.，2007）。另一方面，形态特征是在鱼类出生后确定的，鱼类的形态特征通常与发育、生长速度、营养和环境条件有关（Canty et al.，2018；Floeter et al.，2018）。由于形态特征可能与生态系统及其栖息物种的状况变化有关，且其中一些具有经济意义（Unsworth and Cullen，2010；Osborne et al.，2021），因此鱼类的形态分析是渔业可持续发展和保护鱼类生物多样性的主要任务。形态分析是指通过对鱼类的形状和轮廓进行详细描述，可以在种内或种间进行比较（Almeida et al.，2020）。因此，形态特征已用于种内比较以识别鱼类种群（Elsdon et al.，2008；de Souza Corrêa et al.，2022），这是确定和描述鱼类种群功能以及区分种群以支持物种和生态系统管理战略的有效方法（Campana and Casselman，1993）。

从金枪鱼属鱼类形态的可视化分析可以看出，金枪鱼属鱼类在整体形态上相似度高，但是不同种之间存在一定的形态差异。EFT特征和深度特征两种形态特征方法均能很好地表征3种金枪鱼属鱼类的生物多样性。在EFT方法的形态轮廓重建中，金枪鱼属鱼类形态的变化过程是由抽象到具体。在谐次数为10时，第一背鳍、第二背鳍、腹鳍和臀鳍初步形成。在谐次数为20时，各个鱼鳍部位完全形成，且可以明显区分出3种不同的金枪鱼特征。在CNN方法的形态可视化分析中，金枪鱼属鱼类形态的变化过程则是由具体到抽象。在该方法中，从第一个卷积块到第五个卷积块可以直观看到形态特征（浅层特征）到语义特征（深度特征）的变化。从第一个卷积块到第四个卷积块的卷积过程中能发现3种金枪鱼形态的差异变化，尤其是在第四个卷积块，3种金枪鱼的鱼鳍部分均被作为重要特征且部分被CNN所感知（图像中呈现亮色的地方）。通过将EFT方法与CNN方法的可视化图像进行比较，证实CNN也可对金枪鱼的形态多样性进行定性分析。

5.2.3.2　机器学习算法对金枪鱼属鱼类的自动识别效果

本书对两种不同的形态特征数据进行主成分分析，两种形态特征前十个主成分的累计贡献率均超过80%。通过两种形态特征的主成分分析图进一步发现，不同形态特征数据的每个主成分在金枪鱼种间表现出明显的差异。初步验证了获取的不同形态特征数据较好，为后续的金枪鱼识别奠定了良好的数据基础。

本书还对不同的金枪鱼形态主成分数据进行了评价指标分析，深度特征数据的识别性能优于EFT特征数据。EFT特征数据在3种机器学习算法的平均性能分析中，大眼金枪鱼为0.81，黄鳍金枪鱼为0.82，长鳍金枪鱼为0.82。EFT特征数据在单个机器学习算法性能分析中，KNN性能表现最佳，大眼金枪鱼平均为0.88，黄鳍金枪鱼平均为0.88，长鳍金枪鱼平均为0.89。深度特征数据在3种机器学习算法的平均性能分析中，大眼金枪鱼为0.87，黄鳍金枪鱼为0.83，长鳍金枪鱼为0.89。深度特征数据在单个机器学习算法性能分析中，SVM性能表现最佳，大眼金枪鱼平均为0.90，黄鳍金枪鱼平均为0.86，长鳍金枪鱼平均为0.95。此外，ROC曲线和AUC值分析结果与评价指标分析结果类似，也进一步验证了深度特征数据的识别性能优于EFT特征数据。

本书通过比较EFT特征与深度特征的混淆矩阵分析结果，发现最先进的CNN方法提取金枪鱼属鱼类的形态轮廓特征具有显著的优越性。混淆矩阵分析结果与评价指标的性能分析结果一致，深度特征的形态轮廓分析在不同机器学习算法的平均性能中具有更好的鲁棒性，EFT特征的平均识别精确度为82%，而深度特征的平均识别精确度为86%。其中，EFT特征在KNN算法的识别性能表现最佳，对大眼金枪鱼、黄鳍金枪鱼和长鳍金枪鱼的识别精确度分别为90%、90%和85%。KNN预测误判数量分别为大眼金枪鱼2尾、黄鳍金枪鱼2尾和长鳍金枪鱼3尾。深度特征在SVM算法中表现出最佳的识别性能，大眼金枪鱼、黄鳍金枪鱼和长鳍金枪鱼的识别精确度分别为80%、90%和100%。SVM预测误判数量分别为大眼金枪鱼4尾、黄鳍金枪鱼2尾和长鳍金枪鱼0尾。由于金枪鱼的整体形态相似性高，总体识别精确度平均仅在80%以上。不同种类之间的差异主要体现在鱼鳍部分，因此每种金枪鱼在不同形态特征和不同机器学习算法的识别性能中会有明显精确度数值差异。但是，每种金枪鱼都有本质的多样性特征，使得能将3种金枪鱼较好地区分开。

此外，其他深度特征结合机器学习算法的研究直接提取鱼类原始图像所有信息进行研究，取得了较好的识别效果，这进一步验证了深度特征结合机器学习算法可应用在鱼类种类识别中（Tamou et al.，2018；Deep and Dash，2019）。但是，之前的研究仅仅只是分析识别的效果，本书通过形态轮廓对金枪鱼进行同属不种的识别分析，能更好地将CNN应用于鱼类生物学研究和鱼类多样性分析。

5.3 基于不同核函数的SVM算法的金枪鱼属鱼类表型纹理分类

我国是世界上最大的渔业国家之一（Mallory，2013），金枪鱼渔业生产对于满足国内对优质水产品的需求、增加相关从业者收入和促进渔业经济发展具有重要意义（Yu and Han，2021）。目前，我国金枪鱼渔业的渔船生产作业仍然是人工对金枪鱼分类，这个过程不但费时而且容易出错，在实地生产过程中需要更为高效的方法，以满足现代化生产的需要。此外，渔船远程电子监控自动获取金枪鱼分类信息对指导渔业生产起着重要作用。随着人工智能时代的到来，鱼类的自动分类越来越受到研究人员的重视，并开展了相关自动分类的研究（Hu et al.，2012；Andayani et al.，2019）。自动分类研究主要由特征提取和分类算法两个步骤组成，两者都会对自动分类结果产生重大影响。其中，特征提取依据长期的鱼类生物学研究成果，并且所提取的生物信息特征具有科学依据（欧利国等，2021b；欧利国等，2022）。机器学习的分类算法很多，其中SVM算法具有很强的代表性（Saputra and Herumurti，2016），且实践效果很好，在鱼类生物学和其他生物种类分类领域已经得到有效应用（Morris et al.，2001）。本书通过金枪鱼属鱼类的表型纹理图像进行特征提取，主要提取纹理特征和深度特征，并将两种特征进行融合构成组合特征，通过基于不同核函数的机器学习SVM算法对同属不同种金枪鱼的表型纹理进行自动分类。通过基于不同核函数的机器学习SVM算法得到无十折交叉验证的分类精确度和有十折交叉验证的分类精确度，并进一步分析SVM算法对不同金枪鱼分类性能的鲁棒性。结果表明，该方法可以有效地用于3种金枪鱼属鱼类的自动分类。本书对纹理特征指标（生物可解释特征）和深度特征（最先进的CNN特征）的应用分析不仅有助于了解金枪鱼的生物多样性，还有助于提高其生物信息的可解释性和分类精确度。

5.3.1　材料和方法

5.3.1.1　材料

本书以100尾大眼金枪鱼（*Thunnus obesus*）、100尾黄鳍金枪鱼（*Thunnus albacares*）、100尾长鳍金枪鱼（*Thunnus alalunga*）共300尾金枪鱼属鱼类作为研究对象（图5-15）。海上观察员采集了金枪鱼的数字图像。对金枪鱼图像进行处理，得到高度为1000像素、宽度为2000像素的图像，然后将其保存为JPEG的文件格式，金枪鱼在图像中水平居中对齐（图5-16）。

a. 大眼金枪鱼

b. 黄鳍金枪鱼

c. 长鳍金枪鱼

图5-15　3种金枪鱼属鱼类

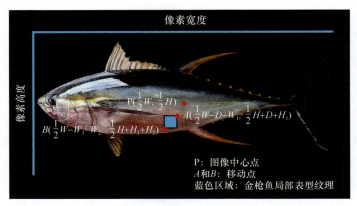

图5-16 金枪鱼图像基准点和金枪鱼局部表型纹理

5.3.1.2 方法

3种金枪鱼属鱼类的表型纹理自动分类包括3个主要步骤：①获取金枪鱼的局部表型纹理图像；②提取金枪鱼局部表型纹理图像的纹理特征数据和深度特征数据，并使用基于不同核函数的SVM算法对金枪鱼进行自动分类；③通过机器学习SVM算法获得金枪鱼的识别精确度（图5-17）。

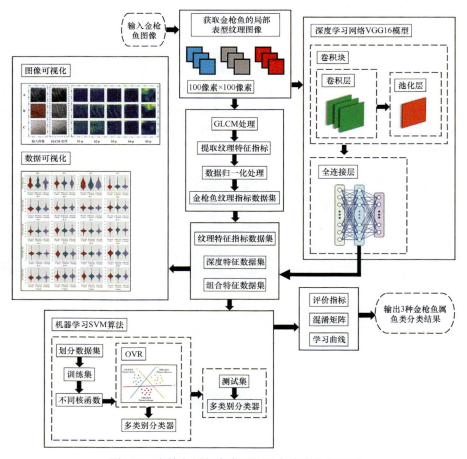

图5-17 金枪鱼属鱼类表型纹理自动分类流程图

1. 金枪鱼局部表型纹理图像获取

通过计算机视觉技术读入金枪鱼图像，对金枪鱼图像进行基准点定位，利用基准点位置确定A点和B点位置（图5-16）。通过计算移动点的区域大小以确定纹理图像，并将自动截取的纹理图像保存为100像素×100像素大小的JPEG文件格式。详细内容见第4章4.1.1.1节自动获取纹理图像。

2. 纹理特征指标提取

1）灰度共生矩阵和纹理特征指标

本书设置灰度共生矩阵（GLCM）的相关参数为d=4，并取4个方向的均值。对每张局部表型纹理图像均计算6个指标，分别是角二阶矩（ASM）、对比度（CON）、熵（ENT）、逆差距（IDM）、方差（variance）以及相关性（COR）。通过6个纹理指标的计算得到3种金枪鱼属鱼类的纹理信息数据。详细内容见第4章的4.1.1.1纹理特征指标提取。

2）纹理指标归一化

本书将得到的3种金枪鱼属鱼类的6个纹理指标进行归一化处理，具体归一化公式如下：

$$x_N = \frac{x - m}{s} \tag{5-7}$$

式中，x为纹理指标原始数据；x_N为纹理指标归一化后的数据；m为纹理指标数据的均值；s为纹理指标原始数据的标准差。

3. 支持向量机

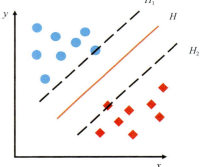

1）SVM算法原理

支持向量机（SVM）是一种监督学习模式（Rifaldi and Setiawan，2019），它由Cortes和Vapnik在1995年提出，并具有很好的数学基础以及理论支撑。支持向量机算法是机器学习算法中具有代表性的算法之一，它在分类问题中应用广泛（Astuti et al.，2021）。支持向量机通过可分离超平面对数据进行分类，它可解决线性可分问题（图5-18）和线性不可分问题（Zhu et al.，2021）（图5-19）。

图5-18　线性可分问题示意图

2）核函数

本书通过机器学习SVM算法，并使用不同的核函数分析3种金枪鱼属鱼类的分类精确度，主要使用的核函数有线性核函数、多项式核函数和径向基核函数，各个核函数公式如下：

线性核函数： $$k(x, x') = x \cdot x' \tag{5-8}$$

多项式核函数： $$k(x, x') = (\gamma x \cdot x' + r)^d \tag{5-9}$$

径向基核函数： $$k(x, x') = \exp\left(-\gamma \|x - x'\|^2\right), \ \gamma > 0 \tag{5-10}$$

3）SVM多类别分类

由于机器学习SVM算法是用于解决二分类问题，因此其对3种金枪鱼属鱼类进行分类需要构建SVM多类别分类方法（Weston and Watkins，1998），主要有一对一（OVO）、一对多（OVR）等方法。本书选择OVR方法，即对每种金枪鱼都训练一个该种和其他两种

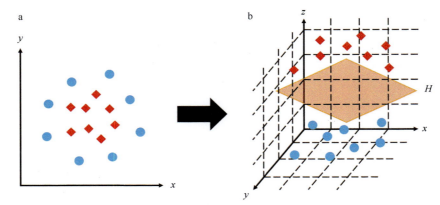

图5-19　线性不可分问题示意图

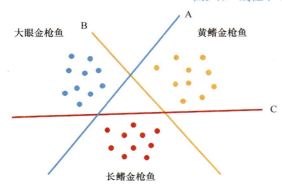

图5-20　金枪鱼分类OVR方法示意图

的分类器，共训练得到3个分类器。金枪鱼分类OVR方法的示意图中，A、B和C均为决策边界（图5-20）。对于3种金枪鱼样本测试集分类时，将3个分类器得分最高的类别作为金枪鱼分类的最终输出结果。

4. 评价指标

SVM算法的性能通过准确率、召回率和F1值进行衡量（Politikos et al.，2021）。其中，准确率（Precision）是SVM算法识别预测的正例金枪鱼中预测正确的比率。召回率（Recall）是SVM算法识别预测正确的正例金枪鱼占真正例和假反例的比率。F1值是准确率和召回率的综合指标，能更好地反映模型的整体性能。

5. 混淆矩阵

混淆矩阵是一种表示预测结果的矩阵。混淆矩阵可用于分析SVM算法对金枪鱼测试数据集的性能。本书以真实金枪鱼种类和分类预测的金枪鱼种类为标准，以矩阵形式进行绘制，主要是利用数据集的TP、TN、FP和FN绘制不同金枪鱼的混淆矩阵。

6. 学习曲线

3种金枪鱼属鱼类数据集被分为240个训练集和60个测试集。240个训练集又被分为5组数据集：分别为24、78、132、186和240。通过十折交叉验证的方法，对训练精确度得分和测试的交叉验证得分分别绘制训练得分曲线和交叉验证得分曲线。通过学习曲线函数得到训练精确度得分的置信区间和交叉验证精确度得分的置信区间，计算公式如下：

$$T = [T_{mean} - T_{std}, \ T_{mean} + T_{std}] \tag{5-11}$$

$$C = [C_{mean} - C_{std}, \ C_{mean} + C_{std}] \tag{5-12}$$

式中，T表示训练精确度得分的置信区间；C表示交叉验证精确度得分的置信区间；T_{mean}表示训练得分计算的均值；T_{std}表示训练得分计算的标准差；C_{mean}表示交叉验证得分计算的均值；C_{std}表示交叉验证得分计算的标准差。

7. 深度学习VGG16模型

1）VGG16模型

深度学习是机器学习的重要领域之一，卷积神经网络（CNN）是最著名的深度学习方法之一（Iqbal et al., 2021）。典型的CNN由3个主要层组成，分别是卷积层、池化层和全连接层。在本书中，通过VGG16模型分析和研究金枪鱼的局部表型纹理图像，它由5个卷积块、3个全连接层和1个Soft-max输出层构成，其中每个卷积块均有卷积层和池化层，该模型共有13个卷积层和5个池化层。所有隐藏层的激活单元都采用ReLU非线性激活函数。VGG16模型使用3×3卷积核，它可以减少网络的训练参数，增加网络中的非线性单元，加强卷积神经网络的学习能力（孟志超等，2022）。VGG16模型的3个全连接层具有的神经元个数依次为4096个、4096个和1000个。

2）表型纹理可视化、深度特征和VGG16模型分类精确度

利用VGG16模型获取金枪鱼局部表型纹理图像的深度特征数据。将金枪鱼局部图像大小由100像素×100像素调整至244像素×244像素，然后将图像输入VGG16模型，对池化层进行可视化分析并输出VGG16模型的5个池化层的平均图像。通过VGG16模型提取深度特征以表征局部表型纹理信息，并将全连接层的第二层用作深度特征数据以分析3种金枪鱼属鱼类。其中，每张金枪鱼局部图像的深度特征数据均有4096个。

8. 数据处理

首先获取3种金枪鱼属鱼类局部表型纹理图像，通过灰度共生矩阵和VGG16模型可视化局部表型纹理图像。通过金枪鱼局部表型纹理图像提取的表型纹理数据集主要有纹理特征指标数据集、深度特征数据集和组合特征数据集。纹理特征指标数据集：利用灰度共生矩阵提取6个纹理特征指标，并对纹理指标进行归一化。深度特征数据集：利用VGG16模型提取图像的深度特征，并对深度特征数据进行主成分分析，由于提取的深度特征数据具有4096个，因此通过主成分分析进行数据降维以提高分析效率和效果，将深度特征数据降维至20个主成分特征数据。组合特征数据集：将纹理特征指标数据和深度特征数据进行融合，通过主成分分析降维至10个主成分特征数据。深度特征数据集降维后的累计贡献率为79%，而组合特征数据集降维后的累计贡献率为72%（表5-7）。在本

表5-7　不同主成分的贡献率

数据集	主成分	贡献率（%）
深度特征数据集	PC1	42
	PC2	14
	PC3	5
	PC4	3
	PC5	2
	PC6	1
	PC7	1
	PC8	1
	PC9	1
	PC10	1
	PC11	1
	PC12	1
	PC13	1
	PC14	1
	PC15	1
	PC16	1
	PC17	1
	PC18	1
	PC19	1
	PC20	1
组合特征数据集	PC1	42
	PC2	14
	PC3	5
	PC4	3
	PC5	2
	PC6	1
	PC7	1
	PC8	1
	PC9	1
	PC10	1

注：由于数据舍入修约，因此数值会存在差异

书中，选取主成分贡献率大于或等于1%的有意义值进行SVM算法分析。

　　通过绘制不同数据的小提琴图并进行数据可视化分析，将纹理特征指标数据集、深度特征数据集及组合特征数据集分别分为训练集和测试集，80%的样本用作训练集，20%的样本用作测试集。SVM算法的不同核函数通过使用多类别分类对不同的数据集进行分类，生成评价指标，绘制3种金枪鱼属鱼类的混淆矩阵。对3个数据集进行十折交叉验证得到分类精确度的学习曲线。基于SVM算法的超参数选择的先验知识，本书选择可使核函数获得最佳结果的超参数，包括超参数为C和γ（表5-8）。此外，将VGG16模型的相关参数设置为随机梯度下降（SGD）优化算法，Epoch值为70。

表5-8　不同核函数的超参数

数据集	超参数	核函数		
		线性核函数	多项式核函数	径向基核函数
纹理特征指标数据集	C	1	50	5
	γ	none	none	0.1
深度特征数据集	C	5	50	5
	γ	none	none	0.1
组合特征数据集	C	5	60	5
	γ	none	none	0.1

注：none 表示无

9. 实验环境

　　实验环境包括：计算机处理器为Intel（R）Core（TM）i7-7700HQ CPU @ 2.80GHz；主板型号为LNVNB161216；主硬盘为NVMe SAMSUNG MZVLW128（119 GB）；显卡为Intel（R）HD Graphics 630（1024 MB）和NVIDIA GeForce GTX 1060（6144 MB）；处理软件为Python 3.6.6。

5.3.2　结果

5.3.2.1　金枪鱼属鱼类的局部表型纹理图像可视化

　　对3种金枪鱼属鱼类的局部表型纹理图像可视化，选取感兴趣部分的金枪鱼表型纹理特征，并得到高度为100像素和宽度为100像素的图像，再对金枪鱼表型纹理图像进行灰度转换和灰度量化得到灰度级为16级的灰度图像（图5-21）。从金枪鱼表型纹理的灰度共生矩阵图像发现，3种金枪鱼属鱼类在灰度共生矩阵处理后仍然具有与原始图像一样的纹理信息。在VGG16模型的局部表型纹理图像可视化过程中，从第一个卷积块的池化层到第五个卷积块的池化层，深度学习网络对金枪鱼局部表型纹理图像的信息获取是从具体到抽象（图5-21）。此外，通过前三个卷积块的池化层可发现，可视化图像具有明显的表型纹理信息。

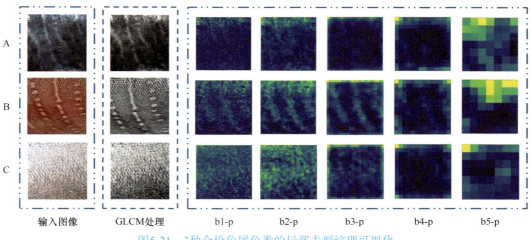

输入图像　　GLCM处理　　b1-p　　b2-p　　b3-p　　b4-p　　b5-p

图5-21　3种金枪鱼属鱼类的局部表型纹理可视化

A. 大眼金枪鱼；B. 黄鳍金枪鱼；C. 长鳍金枪鱼；b. 卷积块；p. 池化层

5.3.2.2　金枪鱼属鱼类不同数据集可视化分析

通过3种金枪鱼属鱼类的不同数据集可视化分析结果可以直观发现同属不同种金枪鱼的数据变化（图5-22～图5-24）。在不同特征的可视化数据中，大眼金枪鱼和黄鳍金枪鱼在纹理图像上具有一定的相似性，所以大眼金枪鱼和黄鳍金枪鱼的数据分布形态也具有一定的相似性。此外，可以看到3种金枪鱼属鱼类的中位数都位于分布的中间位置，数据分布相对较好。从中位数两侧的密度部分可以看出，3种金枪鱼属鱼类的结果趋势相当一致。不同数据的值越接近中位数，峰值越高。

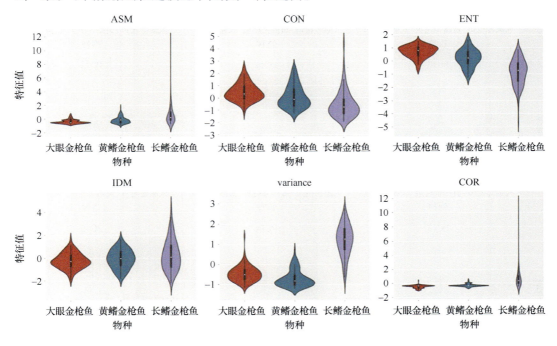

图5-22　纹理特征指标数据可视化

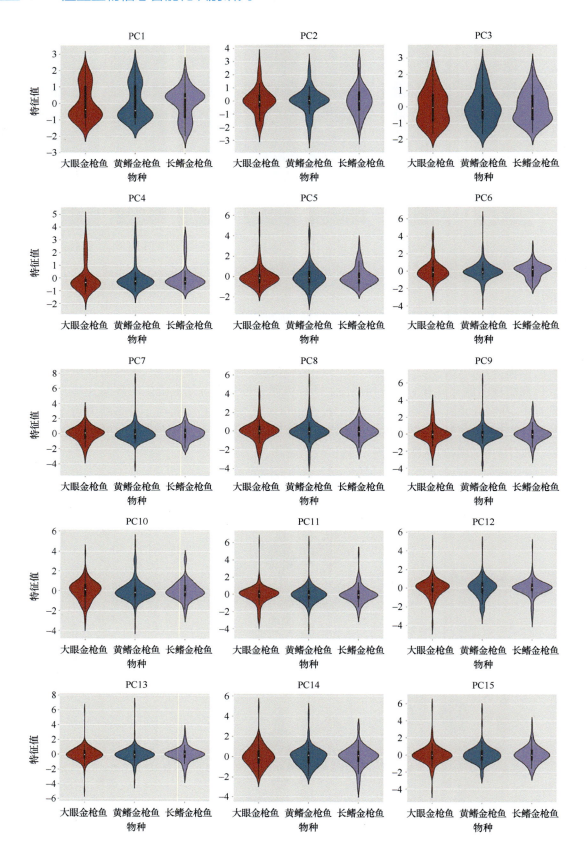

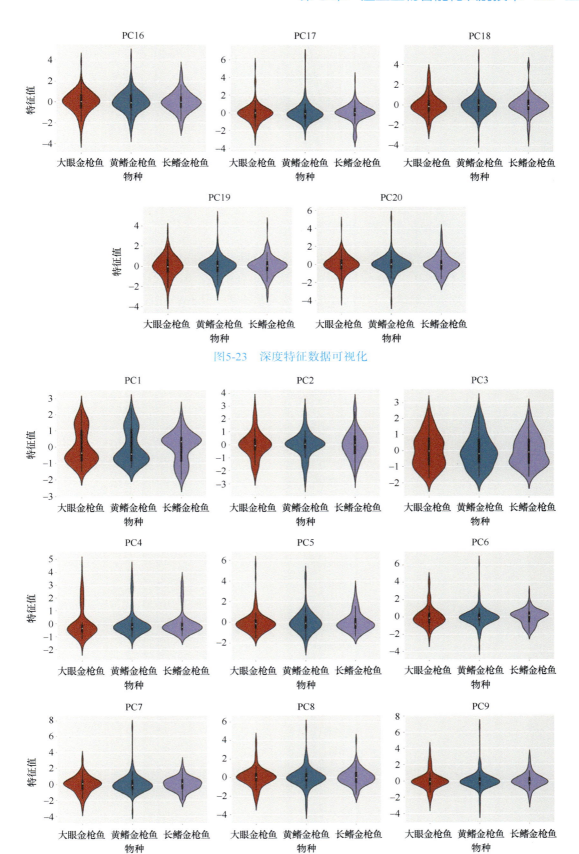

图5-23　深度特征数据可视化

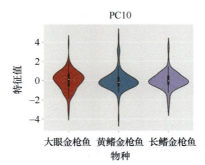

图5-24　组合特征数据可视化

5.3.2.3　金枪鱼属鱼类表型纹理评价指标分析

3种金枪鱼属鱼类的表型纹理评价指标分析表明，在不同的数据集中，不同核函数具有不同的性能（表5-9）。在纹理特征指标数据集分析中，多项式核函数的性能较好，3种金枪鱼属鱼类的准确率、召回率和F1值的均值平均为0.83。在深度特征数据集和组合特征数据集分析中，径向基核函数具有很好的性能，其中在深度特征数据集分析中，3种金枪鱼属鱼类的准确率、召回率和F1值的均值平均为0.93，而组合特征数据集则为0.95。

表5-9　不同核函数性能评价指标值

数据集	核函数	物种	准确率	召回率	F1 值
纹理特征指标数据集	线性核函数	大眼金枪鱼	0.76	0.65	0.70
		黄鳍金枪鱼	0.71	0.85	0.77
		长鳍金枪鱼	1	0.95	0.97
		均值	0.82	0.82	0.81
	多项式核函数	大眼金枪鱼	0.77	0.85	0.81
		黄鳍金枪鱼	0.78	0.7	0.74
		长鳍金枪鱼	0.95	0.95	0.95
		均值	0.83	0.83	0.83
	径向基核函数	大眼金枪鱼	0.71	0.60	0.65
		黄鳍金枪鱼	0.71	0.85	0.77
		长鳍金枪鱼	0.95	0.90	0.92
		均值	0.79	0.78	0.78
深度特征数据集	线性核函数	大眼金枪鱼	0.32	0.50	0.39
		黄鳍金枪鱼	0.12	0.05	0.07
		长鳍金枪鱼	0.29	0.30	0.29
		均值	0.24	0.28	0.25
	多项式核函数	大眼金枪鱼	0.40	0.40	0.40
		黄鳍金枪鱼	0.52	0.60	0.56
		长鳍金枪鱼	0.53	0.45	0.49
		均值	0.48	0.48	0.48

续表

数据集	核函数	物种	准确率	召回率	F1 值
深度特征数据集	径向基核函数	大眼金枪鱼	0.90	0.90	0.90
		黄鳍金枪鱼	0.90	0.95	0.93
		长鳍金枪鱼	1	0.95	0.97
		均值	0.93	0.93	0.93
组合特征数据集	线性核函数	大眼金枪鱼	0.35	0.60	0.44
		黄鳍金枪鱼	0.22	0.10	0.14
		长鳍金枪鱼	0.29	0.25	0.27
		均值	0.29	0.32	0.28
	多项式核函数	大眼金枪鱼	0.41	0.45	0.43
		黄鳍金枪鱼	0.5	0.55	0.52
		长鳍金枪鱼	0.44	0.35	0.39
		均值	0.45	0.45	0.45
	径向基核函数	大眼金枪鱼	1	0.9	0.95
		黄鳍金枪鱼	0.87	1	0.93
		长鳍金枪鱼	1	0.95	0.97
		均值	0.96	0.95	0.95

注：由于数据舍入修约，因此数值会存在差异

5.3.2.4　不同核函数的SVM混淆矩阵分析

3种金枪鱼属鱼类不同数据集的混淆矩阵分析表明，采用不同的核函数时，可以对不同种金枪鱼进行有效分类。在纹理特征指标数据集分析中，多项式核函数的分类效果较好，3种金枪鱼属鱼类的平均识别精确度为83%，大眼金枪鱼、黄鳍金枪鱼和长鳍金枪鱼的正确识别数量分别为17尾、14尾和19尾（图5-25）。应用深度特征数据集和组合特征数据集分别识别金枪鱼时，径向基核函数表现出最好的分类性能，深度特征数据集的平均识别精确度为93%，大眼金枪鱼、黄鳍金枪鱼和长鳍金枪鱼的正确识别数量分别为18尾、19尾和19尾（图5-26），组合特征数据集的平均识别精确度为95%，大眼金枪鱼、黄鳍金枪鱼和长鳍金枪鱼的正确识别数量分别为18尾、20尾和19尾（图5-27）。

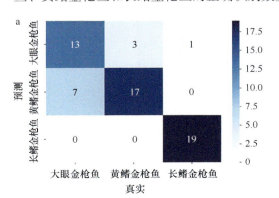
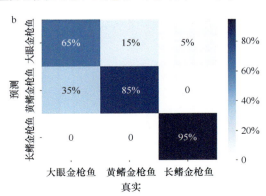

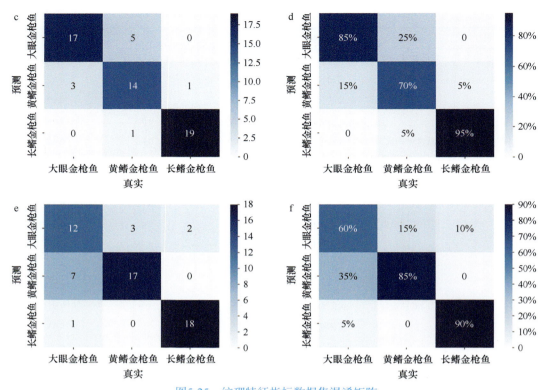

图5-25　纹理特征指标数据集混淆矩阵

a、c、e为预测数量；b、d、f为分类精确度。a和b为线性核函数；c和d为多项式核函数；e和f为径向基核函数

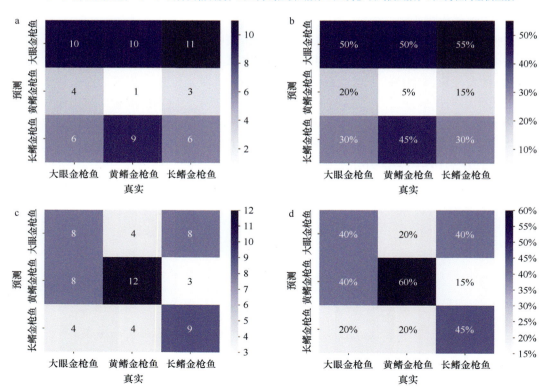

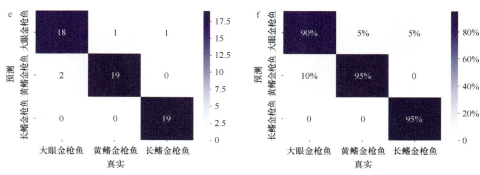

图5-26　深度特征数据集混淆矩阵

a、c、e为预测数量；b、d、f为分类精确度。a和b为线性核函数；c和d为多项式核函数；e和f为径向基核函数

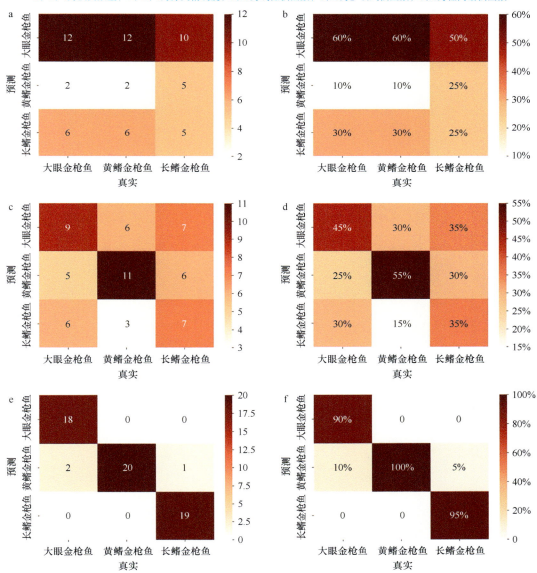

图5-27　组合特征数据集混淆矩阵

a、c、e为预测数量；b、d、f为分类精确度。a和b为线性核函数；c和d为多项式核函数；e和f为径向基核函数

5.3.2.5　不同核函数SVM的学习曲线变化

金枪鱼属鱼类的学习曲线变化分析结果显示，在不同核函数中，金枪鱼属鱼类的学习曲线变化趋势多样，但总体趋势基本是随着样本数量的增加，训练集得分曲线先下降后趋于平稳，测试集的交叉验证得分曲线先上升后趋于平稳。纹理特征指标数据集在多项式核函数中表现较好，在训练集样本为24个时交叉验证得分为71%，在训练集样本为78个时交叉验证得分为79%，在训练集样本为132个时交叉验证得分为83%，在训练集样本为186个时交叉验证得分为81%，在训练集样本为240个时交叉验证得分为83%（图5-28）。深度特征数据集和组合特征数据集在径向基核函数中表现出最佳性能，其中深度特征数据集的交叉验证得分分别为47%、69%、78%、85%、88%（图5-29），而组合特征数据集的交叉验证得分分别为50%、70%、78%、85%、89%（图5-30）。

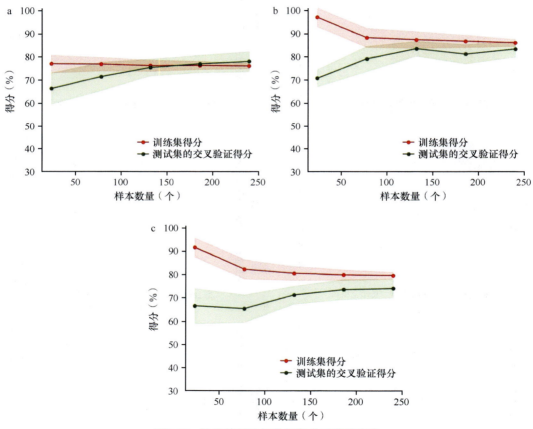

图5-28　纹理特征指标数据集学习曲线变化

a.线性核函数；b.多项式核函数；c.径向基函数

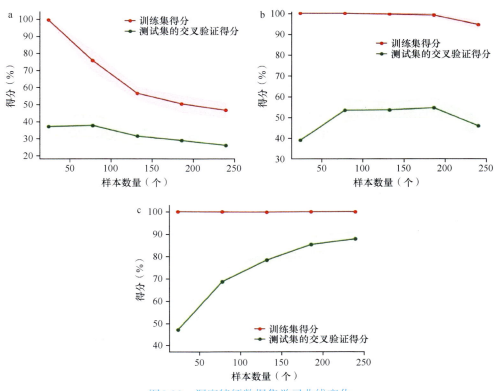

图5-29　深度特征数据集学习曲线变化
a. 线性核函数；b. 多项式核函数；c. 径向基核函数

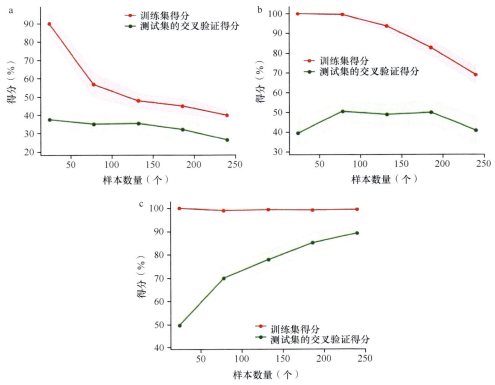

图5-30　组合特征数据集学习曲线变化
a. 线性核函数；b. 多项式核函数；c. 径向基核函数

5.3.3 讨论

5.3.3.1 金枪鱼表型纹理信息

自动分类需要获取鱼类生物信息作为分类的科学依据（Alsmadi and Almarashdeh，2022）。金枪鱼的形态特征（Saputra and Herumurti，2016）、颜色特征（Jose et al.，2020）和纹理特征（Andayani et al.，2019）等均可为自动分类提供相关信息数据。本书选取金枪鱼的局部表型纹理作为自动分类的生物科学依据。3种金枪鱼属鱼类腹部区域的表型纹理变化显著，其大眼金枪鱼的表型纹理特征为线条纹理分布不均匀，且断断续续；黄鳍金枪鱼的表型纹理特征为线条分布间隔均匀，且分布斑点线；长鳍金枪鱼的表型纹理特征为无线条分布，表型纹理较为光洁。3种金枪鱼属鱼类的局部表型纹理差异可表征金枪鱼种间的不同特异性，为金枪鱼自动分类提供了可靠的生物信息。

其他相关研究选取的局部纹理部分有胸鳍遮挡（Saputra and Herumurti，2016），一定程度上会改变纹理特征。因此，本书选取了金枪鱼腹部的局部区域作为表型纹理图像，对其进行纹理信息提取。计算机视觉的图像处理技术为鱼类表型纹理特征的定量分析提供了方法（Hu et al.，2012）。本书利用灰度共生矩阵对金枪鱼的局部表型纹理图像进行处理，得到6个纹理指标。此外，本书还采用了深度学习VGG16模型对局部纹理图像进行深度特征信息提取。从可视化图像可以看出，灰度共生矩阵和VGG16模型均能对纹理信息进行提取。通过对不同数据集进行数据可视化分析，发现大眼金枪鱼和黄鳍金枪鱼在数据分布形态上较为相似，而它们的实际纹理图像也具有一定的相似性，表明所提取的数据能很好地表征金枪鱼的纹理信息。

5.3.3.2 不同核函数的金枪鱼分类效果

本书选取了3种常用的SVM算法核函数进行纹理信息的高维映射，并分析使用不同核函数对金枪鱼分类效果的影响。根据使用不同核函数得到的性能评价指标，纹理特征指标数据集在多项式核函数产生最佳的自动分类结果。而从不同核函数的混淆矩阵可以看出，使用多项式核函数的金枪鱼属鱼类自动分类结果的平均识别精确度为83%。其他相关的研究中金枪鱼纹理分类的识别精确度为87%（Saputra and Herumurti，2016）和88%（Khotimah et al.，2015），表明纹理特征的定量信息能应用于金枪鱼分类并有较好的效果。无论是性能评价指标还是混淆矩阵结果，深度特征数据集和组合特征数据集均在径向基核函数中表现出最佳的分类性能，深度特征数据集的平均识别精确度为93%，而组合特征数据集的平均识别精确度为95%。在其他深度特征和SVM组合分类研究中，基于鱼类整体特征的物种分类精确度达到94%（Siddiqui et al.，2018）、98%（Deep and Dash，2019）和99%（Tamou et al.，2018）。之前的深度特征研究都是基于鱼类整体特征进行了分析并获得较好的分类结果，而本书通过金枪鱼的局部表型纹理信息也获得了很高的分类精确度，并且本书中组合特征的分类精确度优于单个特征。

5.3.3.3 SVM分类器的鲁棒性

本书实验结果表明，金枪鱼属鱼类的不同数据集通过利用不同核函数可实现最佳的分类结果，进一步验证了SVM分类器具有较好的鲁棒性。利用不同数据集的十折交叉验证，分析金枪鱼分类器识别分类性能的稳定性。在3种金枪鱼属鱼类不同数据集的学习曲线变化过程中，不同核函数的拟合效果不同。其中，在纹理特征指标数据集中，多项式核函数拟合效果最好，线性核函数拟合效果较差，径向基核函数欠拟合。在深度特征数据集和组合特征数据集中，径向基核函数的拟合性能最好，其他核函数效果很差。实验结果也表明，不同核函数SVM算法可应用于金枪鱼局部纹理信息的智能化分类，其性能具有很好的鲁棒性。

5.3.3.4　SVM算法对金枪鱼的分类优势

金枪鱼数据集从低维的输入空间映射到高维的特征空间，基于不同数据集寻找最优分类超平面。本书从生物科学的角度对同属不同种的金枪鱼进行了自动分类，从纹理特征和深度特征的提取到种类的自动分类进行了分析，可视化了纹理特征和深度特征的图像和数据，进一步分析了金枪鱼的生物学意义。实验结果表明，不同核函数SVM在不同的数据集中有最佳分类结果，其分类性能表现很好，进一步表明了SVM算法的优势。本书所使用的研究方法得到了鱼类生物学理论的支持，有助于深度挖掘金枪鱼种间表型纹理信息的变化差异，通过分析其表型纹理也有助于进一步了解金枪鱼属鱼类的生物多样性。金枪鱼的自动分类是远洋渔业电子监控的重要组成部分之一，智能化分类信息的获取是实现渔船电子监控实时传输数据的重要途径，为未来金枪鱼渔业的科学管理提供了现代化基础信息，同时也对渔业生产技术的革新和传统渔业产业的转型产生了巨大影响。

5.4　基于K-means动态聚类的鸢乌贼角质颚识别

头足类是海洋食物链中重要的一环，研究其分类状况可为其他捕食者的食性分析提供有力依据，也为进一步研究海洋食物网关系、生态系统能量流动以及资源评估奠定重要基础（刘必林和陈新军，2009；范江涛等，2015）。头足类的软组织（如胴体、腕足部等）与硬组织（如角质颚、内壳、耳石等）均可用于种群和种类的判别，一般认为硬组织比软组织更有效（Borges，1995；胡飞飞等，2017）。作为头足类硬组织之一的角质颚因结构稳定、耐腐蚀、特征信息丰富等而被广泛用于头足类的种类和种群判定（Jackson et al.，1997）。方舟等（2014a）发现，北太平洋柔鱼的两个群体在耳石与角质颚形态学特征上存在显著差异；刘必林等（2015）根据角质颚长度的差异成功判别中国近海常见的5种经济头足类；方舟等（2019）利用角质颚实现了东海和黄海头足类的科类判别。

鸢乌贼（*Sthenoteuthis oualaniensis*）广泛分布于印度洋-太平洋海域，其地理种群结构复杂（刘必林和陈新军，2010）。过去已有文献采用传统的逐步判别法从胴体和角质颚形态差异对鸢乌贼的地理种群进行划分，但误判率较高（Liu et al.，2019）。由于识别中的*K-means*动态聚类方法简单高效，为此本书引入该算法对鸢乌贼角质颚的形态学参数进行聚类分析，期待为头足类种群识别提供一种新的方法。

5.4.1　材料与方法

5.4.1.1　样本采集

样本于2014～2019年分别由灯光围网渔船、鱿钓渔船、敷网渔船采集于西北印度洋、热带东太平洋和南海（表5-10）。

表5-10　样本采集信息

海区	经纬度	采样时间	样本量（尾）	胴长（mm）	体质量（g）
西北印度洋	13°N～20°N，59°E～64°E	2019.6	50	120～443	105～5564
热带东太平洋	5°S～1°N，110°E～119°E	2014.4～5	50	119～351	45～1975
南海	9°N～21°N，110°W～118°W	2017.1～5	50	80～213	16～460

在实验室将样本解冻后测量胴长（精确到1mm）和体质量（精确到1g），提取角质颚后将其放入75%的乙醇溶液中保存。分别选取西北印度洋鸢乌贼大型群、热带东太平洋鸢乌贼中型群及南海鸢乌贼中型群（有发光器）的角质颚，选取鸢乌贼胴长范围为106～336mm的150对角质颚，用精确度为0.01mm的游标卡尺对上颚和下颚各5个特征进行测量：上头盖长（UHL）、上脊突长（UCL）、上喙长（URL）、上侧壁长（ULWL）、上翼长（UWL）、下头盖长（LHL）、下脊突长（LCL）、下喙长（LRL）、下侧壁长（LLWL）和下翼长（LWL）。测量标准参照文献（方舟等，2014a）（图5-31）。

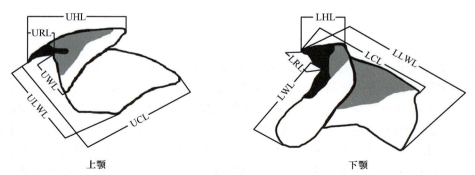

图5-31　角质颚外部形态测量示意图

5.4.1.2　角质颚数据标准化

为排除个体大小对角质颚尺寸的影响，采用标准分数（z-score）标准化将原始角质颚数据映射到[0，1]，该标准化方法保留了原来数据中存在的关系，消除了量纲和数据取值范围的影响，其计算公式如下：

$$X_{ij} = \frac{x_{ij} - u}{\delta} \qquad (5-13)$$

式中，u为各角质颚形态学数据的均值；δ为各角质颚形态学数据的标准差；x_{ij}为第i个样本第j个形态学参数的角质颚数据，其中i=1, 2, …, 150，j=1, 2, …, 10；X_{ij}为标准化后的角质颚数据。

5.4.1.3　*K*-means聚类建模

第一步，以标准化后的150组角质颚样本为行，以10个形态学参数为列，形成150×10的总矩阵。

第二步，根据K-means聚类原则，将预处理完毕的角质颚数据按照采样的海区来源分为3类，即K=3。

第三步，K-means算法在数据集中随机选择一个点作为第一个初始类簇的中心点，接着选择距离该点最远的点作为第二个初始类簇的中心点，最后选择距离前两个点的最近距离最大的点作为第三个初始类簇的中心点，最终选定3个初始聚类的中心，即C_1、C_2、C_3（曾俊，2020）。

第四步，选择任意两组角质颚形态学参数x_{ij}（i=1, 2, …, 150；j=1, 2, …, 10），按曼哈顿距离（或欧氏距离、马氏距离等）归给某一个距离最近的聚类中心C_k（R=1, 2, 3）（曾俊，2020；王同兴等，2010）：

$$\left\| x_{ij} - C_k \right\| = \min_{1<l<3} \left\| x_{ij} - C_k \right\| \tag{5-14}$$

其中，曼哈顿距离为

$$L_1(x_a, x_b) = \sum_{l=1}^{n} | x_a^{(l)} - x_b^{(l)} | \tag{5-15}$$

式中，x_a和x_b分别为任意一列角质颚形态学参数矩阵（150×1）；n=10，即10维角质颚形态学数据。而欧氏距离为

$$L_2(x_a, x_b) = \left(\sum_{l=1}^{n} \left| x_a^{(l)} - x_b^{(l)} \right|^2 \right)^{\frac{1}{2}} \tag{5-16}$$

第五步，重新计算各个新类的聚类中心值C_k：

$$C_{k'} = \frac{1}{N_k} \sum_{x \in S_k} x (k = 1, 2, 3) \tag{5-17}$$

式中，N_k是第k个聚类集合S_k中所包含的角质颚样本个数。迭代逐次修正更新聚类的中心点，当没有改变任何点的分类情况及聚类中心时，则算法收敛；否则继续修正。算法收敛的条件是

$$C_k^{n+1} = C_k^n（对所有k=1, 2, 3成立）\tag{5-18}$$

若式（5-27）成立，则算法收敛，计算结束，利用MATLAB软件编程实现。

5.4.2　结果与分析

5.4.2.1　角质颚大小

未经标准化的原始鸢乌贼角质颚形态学参数分析显示，整体上西北印度洋角质颚

最大，热带东太平洋角质颚次之，南海角质颚最小（表5-11）；经过标准化的角质颚数据，曼哈顿距离法和欧氏距离法分析显示，整体上还是西北印度洋鸢乌贼角质颚最大，热带东太平洋角质颚次之，南海角质颚最小（图5-32，图5-33）。

表5-11　原始鸢乌贼地理种群形态学参数　（单位：mm）

形态学参数	西北印度洋			热带东太平洋			南海		
	最小值	最大值	均值 ± 标准差	最小值	最大值	均值 ± 标准差	最小值	最大值	均值 ± 标准差
UHL	13.0	17.2	14.1±0.9	9.23	13.0	11.6±0.8	8.3	10.9	9.8±0.6
UCL	15.9	20.6	17.5±0.9	12.9	19.0	15.2±1.2	10.3	13.7	12.3±0.8
URL	3.8	6.6	5.0±0.7	3.1	4.9	3.8±0.5	2.2	4.3	3.4±0.4
ULWL	10.0	14.6	12.3±1.1	8.7	12.3	11.0±0.8	7.9	11.0	9.7±0.7
UWL	3.2	5.3	4.5±0.5	4.0	5.7	4.7±0.6	2.4	3.8	3.3±0.4
LHL	3.4	5.4	4.2±0.4	3.0	4.2	3.6±0.3	2.6	4.0	3.3±0.3
LCL	6.8	10.3	8.6±0.8	5.6	8.0	6.9±0.6	2.6	6.5	5.8±0.6
LRL	3.7	5.7	4.6±0.5	2.6	4.5	3.5±0.4	1.6	3.6	2.9±0.4
LLWL	11.1	15.7	12.7±1.1	7.8	11.8	10.4±1.4	7.2	9.9	8.7±0.6
LWL	3.7	8.8	7.4±1.1	4.18	6.6	5.4±0.5	4.0	6.2	5.0±0.5

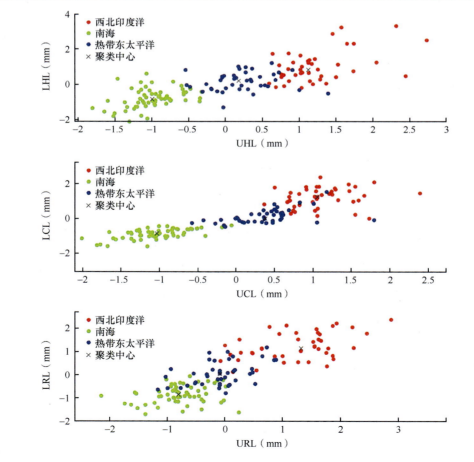

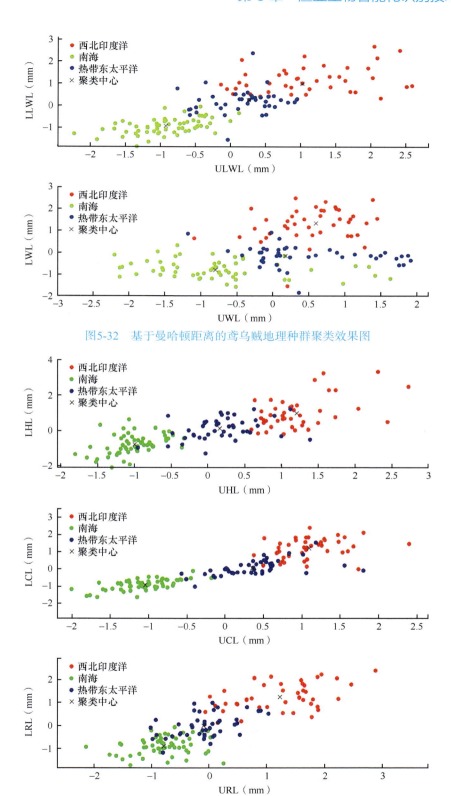

图5-32　基于曼哈顿距离的鸢乌贼地理种群聚类效果图

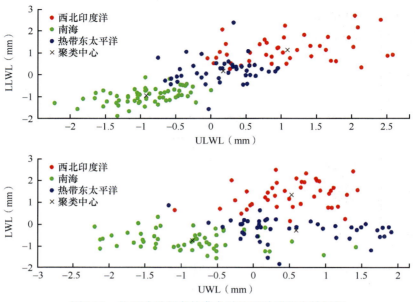

图5-33　基于欧氏距离的鸢乌贼地理种群聚类效果图

5.4.2.2　聚类中心

曼哈顿距离法分析结果显示，从10组鸢乌贼角质颚形态学参数中任选两组，各海区的聚类中心会相应变化，西北印度洋、热带东太平洋、南海鸢乌贼上头盖长和下头盖长的聚类中心分别为（1.12，0.83）、（0.18，0.21）、（−1.00，−0.82），上脊突长和下脊突长的聚类中心分别为（1.06，1.26）、（0.38，0.02）、（−1.03，−0.85），上喙长和下喙长的聚类中心分别为（1.32，1.13）、（−0.08，0.03）、（−0.81，−0.84），上侧壁长和下侧壁长的聚类中心分别为（1.03，1.01）、（0.26，0.26）、（−0.92，−0.93），上翼长和下翼长的聚类中心分别为（0.60，1.34）、（0.18，−0.14）、（−0.80，−0.79）（表5-12）。

表5-12　基于曼哈顿距离法和欧氏距离法分析的聚类中心

距离	海区	聚类中心				
		UHL/LHL	UCL/LCL	URL/LRL	ULWL/LLWL	UWL/LWL
曼哈顿距离	西北印度洋	1.12/0.83	1.06/1.26	1.32/1.13	1.03/1.01	0.60/1.34
	热带东太平洋	0.18/0.21	0.38/0.02	−0.08/0.03	0.26/0.26	0.18/−0.14
	南海	−1.00/−0.82	−1.03/−0.85	−0.81/−0.84	−0.92/−0.93	−0.80/−0.79
欧氏距离	西北印度洋	1.21/0.99	1.09/1.21	1.23/1.24	1.09/1.14	0.53/1.33
	热带东太平洋	0.16/0.10	0.35/0.07	−0.11/−0.01	0.18/0.18	0.60/−0.27
	南海	−0.99/−0.79	−1.05/−0.92	−0.79/−0.88	−0.92/−0.96	−0.85/−0.74

欧氏距离法分析结果显示，各海区的聚类中心也会发生改变。西北印度洋、热带东太平洋、南海鸢乌贼上头盖长和下头盖长的聚类中心分别为（1.21，0.99）、（0.16，

0.10）、（−0.99，−0.79），上脊突长和下脊突长的聚类中心分别为（1.09，1.21）、
（0.35，0.07）、（−1.05，−0.92），上喙长和下喙长的聚类中心分别为（1.23，1.24）、
（−0.11，−0.01）、（−0.79，−0.88），上侧壁长和下侧壁长的聚类中心分别为（1.09，
1.14）、（0.18，0.18）、（−0.92，−0.96），上翼长和下翼长的聚类中心分别为（0.53，
1.33）、（0.60，−0.27）、（−0.85，−0.74）（表5-12）。

　　从聚类中心的位置可以初步得出，不同的距离算法和远离样本均值中心的点，均会
使聚类中心产生一定的偏移。

5.4.2.3　判别成功率

　　选择10组角质颚形态学参数中的任意2组，如上头盖长和下头盖长、上脊突长和下
脊突长等，尽管各海区的聚类中心位置会相应变化，但聚类识别的结果不变。

　　曼哈顿距离法分析结果显示，西北印度洋鸢乌贼43尾被成功识别，7尾被漏分至热
带东太平洋，识别成功率为86.0%；热带东太平洋鸢乌贼37尾被成功识别，13尾被漏分
至南海，识别成功率为74.0%；南海鸢乌贼50尾均被成功识别，识别成功率为100%；总
体识别成功率为86.7%（表5-13）。

表5-13　三大海区鸢乌贼地理种群聚类统计结果

距离	海区	识别数量（尾）			
		西北印度洋	热带东太平洋	南海	合计
曼哈顿距离	西北印度洋	43	7	0	50
	热带东太平洋	0	37	13	50
	南海	0	0	50	50
	聚类总和	43	44	63	150
欧氏距离	西北印度洋	43	7	0	50
	热带东太平洋	0	40	10	50
	南海	0	0	50	50
	聚类总和	43	47	60	150

　　欧氏距离法分析结果显示，西北印度洋鸢乌贼43尾被成功识别，7尾被漏分至热带
东太平洋，识别成功率为86.0%；热带东太平洋鸢乌贼40尾被成功识别，10尾被漏分至
南海，识别成功率为80.0%；南海鸢乌贼50尾也均被成功识别，识别成功率为100%；总
体识别成功率为88.7%（表5-13）。

　　从三大海区鸢乌贼的整体区分情况来看，当角质颚数据经过z-score标准化，采用欧
氏距离法进行聚类分析的总正确区分率为88.7%，略优于曼哈顿距离法（表5-14）。本实
验初步得出，曼哈顿距离法和欧氏距离法均适用于鸢乌贼角质颚的识别，两者对于西北
印度洋和南海的鸢乌贼角质颚识别结果一致，无论采用以上哪种距离以及哪种角质颚形
态学参数的组合方法，对于南海鸢乌贼的判别效果都最好，而对于热带东太平洋的鸢乌
贼的漏分率以及南海的错分率均最高，但其中欧氏距离法识别热带东太平洋的鸢乌贼结
果更为准确，区分成功率为80.0%（表5-14）。

表5-14　不同方法下三大海区鸢乌贼地理种群区分效果　　　　　　　　　　　（%）

距离	海区	漏分率	错分率	总正确区分率
曼哈顿距离	西北印度洋	14.0	0.0	86.7
	热带东太平洋	26.0	15.9	
	南海	0.0	20.6	
欧氏距离	西北印度洋	14.0	0.0	88.7
	热带东太平洋	20.0	0.0	
	南海	0.0	14.9	

5.4.3　讨论

5.4.3.1　角质颚在头足类地理种群判别中的优势

头足类广泛分布于大西洋、太平洋、印度洋和南极海域等，是海洋中重要的食物资源之一，研究其种群分类情况可为更高级消费者的食性分析提供依据，更好地了解海洋食物网的关系，为海洋资源评估以及合理开发奠定基础（范江涛等，2015）。形态学法通过度量头足类的外形长度特征、解剖学特征等，实现头足类分类鉴定，是最常用的传统方法，而头足类的硬组织要比软组织更适用于种类与种群的鉴定识别（胡飞飞等，2017；韩青鹏等，2017）。其中，硬组织中的耳石和角质颚均可作为种类和种群划分的主要依据，但与耳石相比角质颚更易提取、生长纹更易观察、更耐腐蚀且结构更稳定，因此其广泛存在于更高营养级消费者的胃内（刘必林和陈新军，2009），其应用前景远优于耳石。

5.4.3.2　鸢乌贼角质颚的尺寸差异

研究表明，鸢乌贼的角质颚作为摄食器官，喙是咬食过程中首先接触的部分（刘必林和陈新军，2009）。鸢乌贼的生长栖息环境、饵料丰富程度、种内变异等因素会造成种群间喙生长变化的不同（方舟等，2014a）。角质颚的尺寸大小受摄食、食性和环境等影响有所差异（瞿俊跃等，2018），其不同部位在摄食过程中的作用不同，导致角质颚不同部位的生长也有所差异（胡贯宇等，2016）。

鸢乌贼角质颚形态学参数数据标准化前后的结果均显示，西北印度洋鸢乌贼角质颚最大，热带东太平洋的角质颚次之，而南海角质颚最小，这进一步说明角质颚的相对大小与鸢乌贼的胴长无关，角质颚形态的地理区域差异不太可能是抽样偏差导致的。西北印度洋主要受海表风引起的上升流的影响，使含氧不足但营养丰富的深层水涌至表层，带来较高的初级生产力，而热带东太平洋主要受较暖赤道逆流和较冷南赤道流的影响，初级生产力较低，所以判断西北印度洋的鸢乌贼比热带东太平洋的鸢乌贼具有更大的角质颚尺寸（Burkill et al.，1993；陆化杰等，2014）。热带东太平洋的角质颚大小分布范围与本实验其他两个海域存在较多重叠。相比之下，南海受黑潮支流、季节环流等的影响，渔场的水温偏低，鸢乌贼角质颚具有较小形态（Hu et al.，2000；冯波等，2014；Liu et al.，2019）。此外，本实验根据三大海域鸢乌贼渔业生产进行采样，较难实现在同一时间内进行采样，且实验用的鸢乌贼样本均为成体样本，不存在个体发育期不同而影响角质颚形态的情况，标准化处理的角质颚数据排除了网具选择性对角质颚大小的影响（李思亮等，2010）。

有研究表明，同一种群的雌雄鸢乌贼在角质颚形态学参数上存在差异（朱凯等，2016；李建华等，2018；朱凯等，2020）。本实验中雌性鸢乌贼角质颚形态学参数的均值大于雄性鸢乌贼，三大海区雌雄鸢乌贼角质颚的形态学参数差异显著（$P<0.05$），后续将引入鸢乌贼雌雄差异进一步分析。

5.4.3.3　*K*-means算法的优越性

K-means算法属于非监督分类，无需先验经验和训练数据集，方法简单、计算快速、处理大数据集时可保持可伸缩性和高效性，是聚类分析最常用的算法之一（林涛和赵璨，2019）。目前利用角质颚判别头足类种类与种群的方法有很多，在研究角质颚的地理变异中采用逐步判别分析，鸢乌贼的正确识别率为63.5%；范江涛等（2015）基于南海鸢乌贼性别，建立了角质颚判别函数，正确判别率达到65%以上；本实验运用傅里叶法，基于角质颚上颚的判别总正确率为83.3%；陈芃等（2015）结合主成分分析的判别成功率为76.9%；而本实验基于*K*-means动态聚类法，对于识别鸢乌贼种群快速有效，总正确识别率为88.7%。

5.4.4　不足与展望

传统形态学度量角质颚形态学参数的方法耗力费时，数据的读取与记录存在误差，期待后续基于计算机识别自动提取角质颚形态学参数的技术，大大提高度量角质颚形态学参数的效率。*K*-means动态聚类法采用迭代方法，其得到的结果通常陷入局部最优解，并且该算法对于离群点比较敏感，会导致聚类中心产生一定偏移（杨俊闯和赵超，2019）。此外，鸢乌贼在不同海域的不同时期生长阶段、洄游变化等因素会导致群体形态存在差异，而这些差异会导致*K*-means聚类结果出现偏差。

针对上述不足，期望后续尽可能在同一时间段采样，并考虑雌雄个体以及季节的差异等，进一步的研究有必要对*K*-means算法进行改进，使用剪枝后的数据集并采用局部离群因子检测算法得到离群点集（许艳静等，2019），或利用加权密度法选取初始聚类中心点（马克勤等，2020），降低*K*-means算法对离群点的敏感性；可基于样本方差结合其他算法，如遗传算法、人工蜂群算法等具有强鲁棒性和全局搜索能力的算法，避免*K*-means算法过早陷入全局最优解（王丝丝等，2018），后续还需改良构造出普遍适用于识别各海区鸢乌贼的算法，并能具体区分同一海域雌雄鸢乌贼的不同种群，期待进一步为头足类的资源评估提供科学依据。

5.5　基于动量自适应BP神经网络的鸢乌贼识别

21世纪计算机科学进入了飞速发展的阶段，先进的神经网络结构和学习算法被大量应用于人工智能领域，机器视觉技术中的识别作为人工智能的一个分支，其理论和技术也随之取得了巨大进步（毛振宇等，2019）。近年来，电信号分类（王莉等，2019）、海岛识别（王振华等，2020）、植物病害识别（邱靖等，2019）等领域得到了广泛应用。

头足类物种的种群遗传分化较小，无法从分子遗传学水平划分种群（李敏等，2019），但其在生物生态学特性（Liu et al.，2013）、形态学特征等方面存在明显区别（Kubodera and Furuhashi，1987）。角质颚是头足类的主要摄食器官（Clarke，1962），形态特征稳定（李建华等，2018），常被用于头足类种类的鉴定与种群判别（刘必林和陈新军，2009）。就种群判别而言，过去的研究主要采用传统的统计学方法对角质颚形态进行判别。郑小东等（2002）研究了我国莆田、南澳、深圳、湛江4个海域曼氏无针乌贼的角质颚形态，认为头盖长与脊突长的比值可作为区分不同地理种群的依据。许嘉锦（2003）的研究发现，台湾大溪与东港两地边蛸地理种群的角质颚形态分化明显。Liu等（2015a）、陈芃等（2015）依据角质颚各部分长度的差异，通过逐步判别法分别对东太平洋茎柔鱼不同地理群体和西北太平洋柔鱼不同产卵群体进行了划分。然而，这些研究的判别成功率都不高。

为此，本书分别利用梯度下降法、单一动量法、单一自适应法和动量自适应法训练的多层BP神经网络对西北印度洋、中东太平洋和南海三大海区的鸢乌贼（*Sthenoteuthis oualaniensis*）角质颚进行识别，进而区分出鸢乌贼所属海域，并探讨加入动量和学习率自适应的学习算法，以及仅用角质颚进行识别，同时通过设计和训练得到对西北印度洋、中东太平洋和南海三大海区的鸢乌贼具有高识别率的分类器，为头足类种群判别提供新方法。

5.5.1 材料与方法

5.5.1.1 样本采集和数据测量

实验共采集鸢乌贼样本572尾，其中西北印度洋采集103尾，中东太平洋采集216尾，南海采集253尾。首先将冷冻的鸢乌贼样本在实验室自然解冻，然后用卷尺测量胴长（ML），精确至1mm，用电子天平测量体质量（BW），精确至0.1g。用镊子取出角质颚，在清水中漂洗后用游标卡尺分别对上颚和下颚各5个特征进行测量，精确至0.01mm，具体包括上头盖长（UHL）、上脊突长（UCL）、上喙长（URL）、上翼长（UWL）、上侧壁长（ULWL）、下头盖长（LHL）、下脊突长（LCL）、下喙长（LRL）、下翼长（LWL）、下侧壁长（LLWL）（刘必林和陈新军，2009）。

5.5.1.2 角质颚数据标准化

神经网络（neural network，NN）使用各特征值前，要对各特征值进行标准化。首先，将3个海区转换成数字1、2、3，以适合神经网络读取。其次，由于在大样本训练集中，神经网络会遗忘最初训练过的样本，因此将3个海区样本的顺序随机打乱进行训练。最后，利用公式（5-28）将不规则数据归一化至[−1，1]（周开利和康耀红，2005）：

$$p_i' = \frac{2(p_i - p_{\min})}{p_{\max} - p_{\min}} - 1, \ i = 1, 2, \cdots, P \tag{5-19}$$

式中，p_i'表示标准化后的数据；p_i表示标准化前的数据；$p_{\min}$表示该特征中最小的数据；$p_{\max}$表示该特征中最大的数据；P为样本总数。随后将标准化后的特征值数据集的90%划分为训练集，剩下的10%作为测试集。

5.5.1.3　BP神经网络的结构

BP神经网络是一种有反馈的前向传播的NN，其层次结构可以分为三大类：输入层（I）、隐藏层（H）和输出层（O）。其中，I、O层只能为1层，而H层可为多层。设计一个BP神经网络首先要确定的是其网络拓扑结构，包括H层层数和各层节点数（张德丰，2018）。

一般来说，当各节点均采用Sigmoid函数时，一个隐藏层足以解决任意判决的分类问题（Cybenko，1989），且NN的迭代次数（即对权值的回调次数）比起H层的层数对识别正确率的影响更大（叶斌和雷燕，2004）。本书中输入样本数为489尾，根据袁曾任（1999）提出的算法设置H层节点数为5～14个，有

$$J = \sqrt{n + m} + a \tag{5-20}$$

式中，J为输出节点数；n为输入神经元数；m为输出神经元数；a为常数，取1～10。当H层节点数为9个时识别率最高，且训练速度较快；I层节点数为11个，分别为ML、UHL、UCL、URL、UWL、ULWL、LHL、LCL、LRL、LWL和LLWL；O层节点数为3个，分别代表西北印度洋、中东太平洋和南海。

确定网络拓扑结构后，随机生成各权重和阈值，再带入样本参数进行前向传播和反馈调整。

1. 根据输入进行前向传播

为了解决网络中线性不可分问题，选用Sigmoid函数作为映射函数，$f(x)$取值范围为[0，1]，计算公式为

$$f(x) = \frac{1}{1 + e^{-x}} \tag{5-21}$$

$$h_j = f\left(\sum_{i=1}^{I} \omega_{ji} x_i - \alpha_i\right) \tag{5-22}$$

式中，x_i（i=1, 2, $\cdots$, I）为I层中各节点的值；h_j（j=1, 2, $\cdots$, H）为H层中各节点的值；α_j为H层第j个节点h_j的阈值；ω_{ji}为I层第i个节点到H层第j个节点的权值。

O层中各节点的值为o_k（k=1, 2, $\cdots$, O），表示此次通过网络拓扑结构计算预测出的海域，计算公式为

$$o_k = f\left(\sum_{j=1}^{H} v_{kj} h_j - \theta_k\right) \tag{5-23}$$

式中，θ_k为O层第k个节点O_k的阈值；v_{kj}为H层第j个节点到O层第k个节点的权值。

设定神经网络的学习误差为ε=0.01，期望输出为y_k（k=1, 2, $\cdots$, O），表示各个角质

颚形态学参数组实际对应的海域，若 $\sum_{k=1}^{O}|y_k - O_k| < \varepsilon$，则完成神经网络的学习，否则进行反向传播（图5-34）。

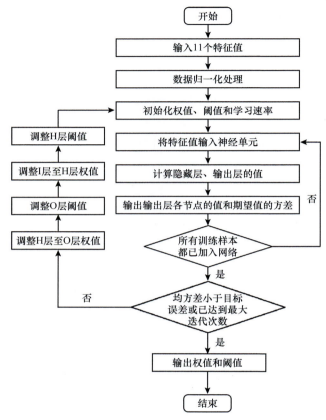

图5-34　BP神经网络完整流程图

2.对各层间的权重和各节点的阈值进行调整（反向传播）

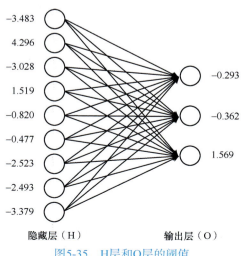

图5-35　H层和O层的阈值

对各层间的权重和各节点的阈值进行调整的基本原理是依据期望值和实际输出值的差值进行调整。本书中网络的方法为在δ的基础上增加动量项和自适应学习率，以应对BP神经网络存在的容易陷入局部最优解、学习效率低、收敛速度慢等问题（王莉莉等，2018），具体方法如下。

1）δ法调节权重

一次调整的大体方向是从后向前，依次为H层至O层权值和O层阈值的调整，以及I层至H层权值和H层阈值的调整。前者的校正误差影响后者的调整（图5-35）。使权值变更的值与误差的梯度下降成正比，通过反复调整减小误差。

a）H层至O层权值和O层阈值的调整

O层的校正误差为$d_k=y_k(1-y_k)(o_k-y_k)$，其中$k=1,2,\cdots,H$。H层至O层权值v_{kj}的计算公式为

$$v_{kj}(t+1)=v_{kj}(t)+\Delta v_{kj} \tag{5-24}$$

$$\Delta v_{kj}=\eta d_k h_j \tag{5-25}$$

式中，v_{kj}为H层第j个节点到O层第k个节点的权值；h_j为H层第j个节点的值；η为学习速率（$0<\eta<1$）；t表示时刻，$t+1$表示下一时刻。输出层阈值θ由以下公式确定：

$$\theta_k(t+1)=\theta_k(t)+\Delta\theta_k \tag{5-26}$$

$$\Delta\theta_k=\eta d_k \tag{5-27}$$

式中，$\theta_k(t+1)$表示本次修正后（$t+1$时刻）O层阈值；$\theta_k(t)$表示修正前（t时刻）O层阈值；$\Delta\theta_k$为输出层的阈值校正量。

b）I层至H层权值和H层阈值的调整

H层的校正误差为$e_j=\left(\sum_{k=1}^{O}v_{kj}d_k\right)h_j(1-h_j)$。I层至H层权值$\omega_{ji}$的计算公式为

$$\omega_{ji}(t+1)=\omega_{ji}(t)+\Delta\omega_{ji} \tag{5-28}$$

$$\Delta\omega_{ji}=\eta e_j x_i \tag{5-29}$$

式中，ω_{ji}为I层第i个节点到H层第j个节点的权值；x_i为I层第i个节点的值；η为学习速率（$0<\eta<1$）；$t+1$时刻为本次修正后；t时刻为修正前。H层阈值α_j的计算公式为

$$\alpha_j(t+1)=\alpha_j(t)+\Delta\alpha_j \tag{5-30}$$

$$\Delta\alpha_j=\eta-e_j \tag{5-31}$$

式中，$\Delta\alpha_j$为H层的阈值校正量。

重复上述步骤，直至误差小于设定的精确度（关小芳，2014）或达到最大迭代次数。

2）引入动量因子

在权值校正量Δv_{kj}和$\Delta\omega_{ji}$中引入动量因子β（$0\leq\beta<1$），从而提升收敛速度，计算公式为

$$\Delta v_{kj}=\eta[(1-\beta)d_k+\beta d_k]h_j \tag{5-32}$$

$$\Delta\omega_{ji}=\eta[(1-\beta)e_jx_i+\beta x_i]x_j \tag{5-33}$$

式中，d_k为O层的校正误差；e_j为H层的校正误差。同理，可推出引入动量因子后H层和O层阈值的修正量。若上一次校正后，输出值和期望值的方差更小，则$\beta\in(0,1)$，否则$\beta=0$。本书中当输出值更接近期望值时，$\beta=0.9$。

3）学习速率可变（自适应）

学习速率η在δ法中为常数，这会导致误差变化幅度小时训练次数增加，而误差变化剧烈时因调整步长较大，跨过较窄的凹陷或突起区域，正确率下降，收敛性较差（关小芳，2014）。因此，除了首次回调采用设定的学习速率，之后都采取自适应学习速率公式：

$$\eta(k+1)=\begin{cases}\gamma\eta(k),\gamma<1 & E(k+1)>E(k)\\\gamma\eta(k),\gamma>1 & E(k+1)<E(k)\end{cases} \tag{5-34}$$

式中，γ为校正步长，本书中校正方向正确时$\gamma=1.05$，校正方向错误时$\gamma=0.7$。当校正方向正确时，校正步伐变大；当校正方向错误时，校正步伐减小（张德丰，2018）。

3. 对BP神经网络进行测试

经过以上步骤后，本书初步获得BP神经网络鸢乌贼分类器，接下来对其进行识别效果测试，并根据结果分析鸢乌贼角质颚的形态学特征。将测试样本带入，观察识别情况，若识别效果良好，则用预留下的测试样本对该分类器进行进一步测试，观察其对陌生数据的泛化能力，以防过度学习。

5.5.2 结果

5.5.2.1 角质颚数据转换

表5-15显示了样本的ML、UHL和URL等形态学参数的范围，标准化后各特征值极大值的绝对值均为1，特征值为极大值的样本大多分布在南海，少数分布在西北印度洋；极小值的绝对值基本都在0.01以下，全部分布在西北印度洋。当一个样本的其中一个形态学参数为该形态学参数全部样本中的极值时，该样本的其他形态学参数很可能也为极值，如第42号样本的ML、UHL、ULWL、LLWL、LWL均为极大值，第464号样本的UHL、URL、LRL均为极小值。

表5-15　标准化后的极值和所属海域

形态学参数	极大值				极小值			
	原始极大值	标准化后极大值的绝对值	样本编号	所属海域	原始极小值	标准化后极小值的绝对值	样本编号	所属海域
ML	525	1	42	3	80	0.011236	144	1
UHL	39.56	1	42	3	5.44	0.001758	464	1
UCL	50.77	1	162	1	4.44	0.002806	146	1
URL	12.92	1	30	3	1.77	0.000897	464	1
ULWL	45.33	1	42	3	5.68	0.01488	154	1
UWL	12.64	1	186	3	1.67	0.004558	144	1
LHL	11.63	1	200	3	1.66	0.003009	298	1
LCL	24.1	1	26	3	2.64	0.002796	184	1
LRL	12.86	1	303	1	1.47	0.00439	464	1
LLWL	35.67	1	42	3	4.62	0.00161	23	1
LWL	22.1	1	42	3	2.25	0.012594	327	1

5.5.2.2 训练完成后的网络

1. 各层权重和阈值

由图5-36可知，迭代1492次时，均方差为0.044 16，即I层到H层各节点的权重的绝对值大小基本都在10^{-1}级以上，可见鸢乌贼胴长和10个角质颚参数对于用BP神经网络进行角质颚分类都是非常重要的（图5-36）。本书中的BP神经网络鸢乌贼海域分类器有4个关键数据矩阵，分别是I层和H层间的权重（表5-16）、H层和O层间的权重（表5-17）、H层各节点的阈值以及O层各节点的阈值（图5-35）。I层11个节点分别为鸢乌贼胴长和10个角质颚参数。权重的绝对值越大，表示前一层节点对后一层节点的影响越大。在I层到H层的99个权重中绝

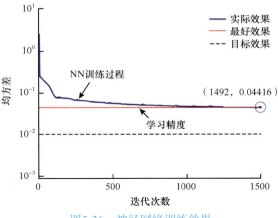

图5-36　神经网络训练效果

对值大于2的有5个，ML和ULWL特征参与的分别有2个，UCL特征参与的有1个；前驱节点是ULWL，然后依次是LHL、ML、UCL和LLWL。因此，ULWL对种间差异的贡献最大，其次是ML和LHL。

表5-16　I层和H层间的权重

I层	H层								
	H1	H2	H3	H4	H5	H6	H7	H8	H9
ML	0.517 87	1.760 12	1.176 85	0.968 51	−0.625 03	−0.399 72	−2.307 29	−2.416 20	−1.212 33
UHL	1.020 04	−0.117 01	0.782 99	0.978 29	0.588 29	1.063 85	−1.698 39	−0.670 41	1.386 57
UCL	0.200 84	2.439 43	−0.470 49	−1.962 93	−0.062 45	−1.579 66	−0.296 00	0.536 59	0.314 92
URL	−0.041 19	0.145 62	−0.997 25	−1.180 86	−1.728 15	−0.486 85	1.376 71	−1.352 49	−1.319 60
ULWL	1.043 19	−1.376 96	−2.542 13	2.985 92	−1.813 16	1.654 05	−1.533 45	−0.574 82	0.305 00
UWL	−0.021 06	1.298 60	0.100 95	−1.311 29	−1.313 84	0.014 70	−0.911 60	0.569 23	1.046 99
LHL	−1.622 04	0.944 19	−1.776 99	1.389 63	0.659 58	−1.690 24	0.194 57	1.552 72	−0.549 19
LCL	0.748 75	0.655 64	0.556 93	0.928 01	−1.639 57	−1.292 23	0.282 82	−0.220 00	1.344 80
LRL	0.619 26	−0.126 46	−1.453 93	0.271 65	0.409 33	−0.143 37	0.976 41	−1.352 38	1.061 85
LLWL	−1.902 06	1.972 20	0.892 96	0.479 94	−1.699 10	−1.483 43	0.139 88	0.695 61	−1.310 14
LWL	0.607 20	−0.285 80	−1.706 20	1.630 12	−1.032 51	−0.779 68	1.417 82	0.987 21	−0.597 89

表5-17　H层和O层间的权重

H层	O层		
	西北印度洋	中东太平洋	南海
H1	0.169 92	−0.242 64	−0.101 20
H2	−0.551 20	2.302 83	−1.699 67
H3	−0.300 25	2.320 27	−2.031 69
H4	1.847 76	−1.902 92	0.030 78
H5	−0.157 96	0.222 73	−0.121 53

H 层	O 层		
	西北印度洋	中东太平洋	南海
H6	1.050 78	−1.175 58	0.157 34
H7	−0.474 28	−1.206 09	1.735 93
H8	−0.287 51	−1.011 67	1.414 77
H9	0.448 97	0.218 86	0.994 20

隐藏层第4个节点H4到输出层西北印度洋节点的权重为1.847 76，对识别出西北印度洋鸢乌贼的贡献尤为显著。中东太平洋鸢乌贼主要靠H2、H3和H4识别出，权重分别为2.302 83、2.320 27和−1.902 92；H3和H7影响对南海鸢乌贼的判别，权重分别为−2.031 69和1.735 93（表5-17）。若某一隐藏层节点i对海域a的识别有大贡献，则$|v_{ia}-v_{ib}|$（v为两节点间权重，b代表其他海域）的值相对较大，如$|v_{41}-v_{42}|≈3.75$，即H层中第4个节点H4到西北印度洋和中东太平洋的权重大小之差为3.75，$|v_{32}-v_{33}|≈4.32$，即H层中第3个节点H3到中东太平洋和南海的权重大小之差为4.32，但贡献不大的H1节点与O层3个节点的权重相互之间差异不大。9个H层节点和3个O层节点的阈值中，后者分别表示3个海区的判别阈值，西北印度洋为−0.293，中东太平洋为−0.362，南海为1.569（图5-35）。

2. 网络训练情况

y轴的均方差为O层实际输出和期望值的方差，BP神经网络随着迭代次数的增加而收敛，经过1492次迭代后就已收敛至目标均方差，其均方差为0.044 16（图5-36）。

5.5.2.3　成型网络的识别效果

1. 对于训练集的识别效果

运用动量自适应BP神经网络对鸢乌贼进行海区识别的总体准确率可达到92.77%，其中西北印度洋、中东太平洋和南海鸢乌贼的识别率分别为88.89%、89.95%和96.80%（表5-18）。中东太平洋和南海鸢乌贼发生相互误判的数据为24尾，占所有误判数据的66.67%。

表5-18　动量自适应学习方法下训练集识别结果

海区	样本总数（尾）	识别样本数（尾）			识别率（%）
		西北印度洋	中东太平洋	南海	
西北印度洋	90	80	8	2	88.89
中东太平洋	189	2	170	17	89.95
南海	219	0	7	212	96.80

2. 对于测试集的识别效果

由于对训练集的识别效果良好，用测试集进一步测试了识别效果。对鸢乌贼角质颚测试集进行海区识别的总体准确率可达到93.24%，其中西北印度洋、中东太平洋和南海鸢乌贼的识别率分别为100%、88.89%和94.12%。对西北印度洋的鸢乌贼识别率最高，达到零误差，而且中东太平洋和南海的鸢乌贼不会被误判至西北印度洋（表5-19）。

表5-19　动量自适应学习方法下测试集识别结果

海区	样本总数（尾）	识别样本数（尾）			识别率（%）
		西北印度洋	中东太平洋	南海	
西北印度洋	13	13	0	0	100
中东太平洋	27	0	24	3	88.89
南海	34	0	2	32	94.12

3. 其他学习方法的识别效果

若只采用传统的梯度下降法（δ法），西北印度洋、中东太平洋和南海鸢乌贼的识别率分别为46.15%、70.37%和88.24%，总识别率为74.32%。引入动量因子后，西北印度洋鸢乌贼的识别率上升至53.85%，中东太平洋鸢乌贼的识别率仍为70.37%，南海鸢乌贼的识别率小幅度上升至91.12%，总识别率为77.03%，比传统方法的总识别率高约3个百分点（表5-20）。

表5-20　各种BP学习方法的识别效果　　　　　　　　　　（%）

学习方法	各海区识别率			总识别率
	西北印度洋	中东太平洋	南海	
梯度下降法	46.15	70.37	88.24	74.32
单一动量法	53.85	70.37	91.12	77.03
单一自适应法	84.62	81.48	94.12	87.84
动量自适应法	100	88.89	94.12	93.24

为学习率加入自适应调节后，西北印度洋、中东太平洋和南海鸢乌贼的识别率分别大幅度上涨至84.62%、81.48%和94.12%，该学习方法的总识别率为87.84%，比传统方法的总识别率高13.52%。

4. 仅使用角质颚数据的识别效果

若是不采用胴长数据，只用10个角质颚参数进行BP神经网络动量自适应法分析识别，西北太平洋、中东太平洋和南海鸢乌贼的识别率分别为100%、88.89%和94.12%。

5.5.3　讨论

5.5.3.1　BP神经网络中动量自适应学习方法与传统学习方法δ法的比较

传统的BP神经网络学习算法具有容易陷入局部最优解和学习速度慢的缺点，为证明动量和自适应学习率引入的必要性，将其识别效果与传统学习方法、单一动量法和单一自适应法（学习率可变）进行了对比。

动量法即在权值修正量中引入动量因子，以减小振荡趋势，改善其收敛性，从而提高网络训练速度。自适应法将学习率从传统BP神经网络中的固定值变为动态值，从而避免了在平坦区域学习率太小导致训练次数增加，以及在误差变化剧烈的区域学习率太高导致忽略极高或极小区域的问题，这两个问题会延长达到目标均方差的时间，增加迭代次数。用传统学习方法的鸢乌贼分类器对西北印度洋鸢乌贼的识别率低至46.15%，不及动量自适应法识别率的50%（表5-20）。而从总体上看，动量自适应法的识别率比传统方法上升约19个百分点，且各个海域的识别率均有上升，其中动量（学习率可变）的引入尤为关键。因此，动量和可变学习率的引入对提升分类器的识别率至关重要，这也解决了传统BP神经网络容易陷入局部最优解的问题。

5.5.3.2 识别和其他判别方式的比较

传统的分子生物学方法判别头足类种类的实验操作比较复杂，并且对于在分类地位上比较相近的种类，尤其是种群之间的判别效果不明显。角质颚形态结构稳定且数据采集方式便利，因此利用角质颚形态来判别头足类的种类和种群比分子生物学方法更便捷。有学者利用角质颚形态特征差异划分了西北印度洋、中西太平洋和热带东太平洋3个海区的鸢乌贼种群，总体交叉验证判别正确率为63.5%。然而，本书所采用的方法更加准确，判别准确率提高了近20%。但动量自适应BP神经网络的不足之处在于需要采集大量样本对网络进行训练，而且由于构建BP神经网络缺乏统一的标准，各节点间的权重和各节点阈值的初始值为随机数，每次训练得到的神经识别率会有3%以内的误差，不过这一缺点可以通过多次训练、保存识别率最高的网络来弥补。

5.5.3.3 胴长对识别结果的影响

由于角质颚能长久储存生物特征，且已有研究证明角质颚能存储体长信息（Clarke，1962；徐杰等，2016；李建华等，2018），因此本书尝试去除胴长参数，仅用角质颚进行判别，然而其识别率比加入胴长参数的总识别率下降近7%，这可能是不同海域的鸢乌贼体型大小差异所致。虽然大多数鸢乌贼角质颚大小与胴长正相关，但是仍有少数鸢乌贼胴长较长，角质颚却较小，这导致了误判。

5.5.4 结论与展望

本书首次基于BP神经网络构造鸢乌贼海域分类器，并引入动量和可变学习率对其进行改进，为头足类种群判别提供了新方法。利用前馈反向神经网络结构和动量自适应学习算法，对标准化后的鸢乌贼角质颚和胴长形态学参数进行训练，经过1492次迭代后就已收敛至目标均方差，其均方差为0.044 16，用测试集检测得出的神经网络的总正确率为93.24%。BP神经网络对西北印度洋、中东太平洋和南海鸢乌贼的识别率分别为100%、88.89%和94.12%，高于传统学习方法、单一动量法和单一自适应法。实验证明，学习率自适应对判别率的影响更大。若去除胴长参数，总识别率为86.49%。可见，虽然鸢乌贼角质颚能储存较完整的年龄和胴长信息，但是有一定局限性。

在实际应用时，根据4个数据矩阵（表5-16、表5-17和图5-35）可以直接得出西北印度洋、中东太平洋和南海鸢乌贼所属海域的分类器，省去数据采集、存储和训练神经网络所需的时间，将所要识别的鸢乌贼的相关数据根据训练样本及训练集各特征值的极值（表5-15）归一化后，代入分类器即可开展高效率、低设备处理和存储能力要求的识别工作。

此方法目前只支持西北印度洋、中东太平洋和南海鸢乌贼之间的识别，若加入其他海域的鸢乌贼数据，或用于其他头足类不同海域间的识别，结果如何还有待进一步研究。

参 考 文 献

卜心宇, 刘必林, 欧利国, 等. 2022. 富山武装乌贼个体发育期角质颚表型变化分析. 南方水产科学, 18(1): 144-152.

操亮亮, 力清影, 刘必林. 2021. 东太平洋公海茎柔鱼饵料中鱼类和头足类组成初步分析. 应用生态学报, 32(12): 4515-4522.

常亮, 邓小明, 周明全, 等. 2016. 图像理解中的卷积神经网络. 自动化学报, 42(9): 1300-1312.

陈彩文, 杜永贵, 周超, 等. 2017. 基于图像纹理特征的养殖鱼群摄食活动强度评估. 农业工程学报, 33(5): 232-237.

陈超, 齐峰. 2019. 卷积神经网络的发展及其在计算机视觉领域中的应用综述. 计算机科学, 46(3): 63-73.

陈大刚, 张美昭. 2015. 中国海洋鱼类. 青岛: 中国海洋大学出版社: 1080-1085.

陈宏希. 2006. 基于边缘保持平滑滤波的Canny算子边缘检测. 兰州交通大学学报, 25(1): 86-90.

陈焕栩, 解浩, 张建文. 2018. 基于灰度共生矩阵纹理特征的局部放电识别. 电力系统保护与控制, 46(5): 25-30.

陈楠桦, 梁仁杰, 白义, 等. 2018. 基于几何形态测量学的四种滨螺形态差异与系统发生关系研究. 海洋与湖沼, 49(6): 1365-1374.

陈芃, 方舟, 陈新军. 2015. 基于角质颚外部形态学的柔鱼种群判别. 海洋渔业, 37(1): 1-9.

陈新军. 2001. 海洋渔业资源可持续利用评价. 南京: 南京农业大学.

陈新军, 冯波, 许柳雄. 2008. 印度洋大眼金枪鱼栖息地指数研究及其比较. 中国水产科学, 15(2): 269-278.

陈新军, 刘必林, 方舟, 等. 2019. 头足纲. 北京: 海洋出版社.

陈新军, 刘必林, 王尧耕, 等. 2009. 世界头足类. 北京: 海洋出版社: 1054-1055.

陈新军, 刘金立, 林东明, 等. 2022. 渔业资源学研究发展现状及趋势. 上海海洋大学学报, 31(5): 1168-1179.

陈新军, 田思泉, 陈勇, 等. 2011. 北太平洋柔鱼渔业生物学. 北京: 科学出版社: 1050-1080.

陈新军, 许柳雄. 2005. 发展我国"数字海洋渔业"的有关设想. 北京: 2005年中国数字农业与农村信息化学术研究研讨会.

陈新军, 许柳雄, 宋利明, 等. 2006. 大西洋海域大眼金枪鱼年龄与生长的初步研究. 海洋渔业, 28(1): 20-24.

陈炫好, 陆化杰, 王洪浩, 等. 2020. 西北印度洋鸢乌贼角质颚色素沉积特性分析. 动物学杂志, 55(4): 468-476.

陈艳. 2020. 基于BP神经网络的人脸识别方法分析. 信息与电脑, 32(23): 158-159.

成正维. 2004. 一元线性问题中的实验标准差. 大学物理, 23(6): 35-37.

崔雍浩, 商聪, 陈锶奇, 等. 2019. 人工智能综述: AI的发展. 无线电通信技术, 45(3): 225-231.

代国庆, 崔和. 2007. 我国水产品出口贸易发展思路. 中国水产, (9): 4-6.

戴小杰, 许柳雄, 朱江峰, 等. 2007. 世界金枪鱼渔业渔获物种原色图鉴. 北京: 海洋出版社.

邓仕超, 李伟明, 龙芋宏, 等. 2018. 一种改进的二值图像边界跟踪与边界链码获取算法. 激光与光电子学进展, 55(6): 141-147.

度国旭. 2020. OPENCV轮廓识别研究与实践. 装备制造技术, (1): 101-103, 131.

段峰, 王耀南, 雷晓峰, 等. 2002. 机器视觉技术及其应用综述. 自动化博览, (3): 62-64.

段萌, 王功鹏, 牛常勇. 2018. 基于卷积神经网络的小样本图像识别方法. 计算机工程与设计, 39(1): 224-229.

樊湘鹏, 许燕, 周建平, 等. 2021. 基于迁移学习和改进CNN的葡萄叶部病害检测系统. 农业工程学报, 37(6): 151-159.

范江涛, 邱永松, 陈作志, 等. 2015. 南海鸢乌贼两个群体间角质颚形态差异分析. 中国海洋大学学报(自然科学版), 45(10): 42-49.

方舟. 2016. 基于角质颚的北太平洋柔鱼渔业生态学研究. 上海: 上海海洋大学: 7-115.

方舟, 陈新军, 金岳. 2019. 基于角质颚的东、黄海头足类科类判别. 上海海洋大学学报, 28(3): 365-372.

方舟, 陈新军, 陆化杰, 等. 2014a. 北太平洋两个柔鱼群体角质颚形态及生长特征研究. 生态学报, (19): 5405-5415.

方舟, 叶旭昌, 李凤莹, 等. 2014b. 摩洛哥南部沿岸两种沙丁鱼耳石形态识别的初步研究. 上海海洋大学学报, 23(3): 448-455.

冯波, 颜云榕, 张宇美, 等. 2014. 南海鸢乌贼资源评估的新方法. 渔业科学进展, 35(4): 1-6.

冯志萍, 余为, 陈新军, 等. 2020. 基于不同权重栖息地模型的秘鲁外海茎柔鱼渔场分析. 上海海洋大学学报, 29(6): 878-888.

龚攀. 2013. 基于计算机视觉的蚕蛹性别自动识别系统研究. 重庆: 西南大学.

关小芳. 2014. 动量自适应学习速率梯度下降法神经网络电力负荷预测. 电气开关, 52(5): 49-51.

桂滗. 2018. 点到直线距离公式的研究性学习成果. 数学通报, 57(1): 47-49, 56.

郭超. 2017. 柔性鱼体目标检测与跟踪技术研究. 哈尔滨: 哈尔滨工业大学: 7-9.

郭弘艺, 唐文乔, 魏凯, 等. 2007. 中国鲚属鱼类的矢耳石形态特征. 动物学杂志, (1): 39-47.

国家水产总局南海水产研究所, 厦门水产学院, 中国科学院海洋研究所, 等. 1979. 南海诸岛海域鱼类志. 北京: 科学出版社: 162-163.

韩东燕, 薛莹, 纪毓鹏, 等. 2013. 胶州湾六丝钝尾虾虎鱼的摄食生态特征. 应用生态学报, 24(5): 1446-1452.

韩霈武, 陈新军, 方舟, 等. 2020. 基于鱼体和耳石形态的东海两种鲐属鱼类判别分析. 海洋渔业, 42(2): 161-169.

韩青鹏, 陆化杰, 陈新军, 等. 2017. 南海北部海域中国枪乌贼角质颚的形态学分析. 南方水产科学, 13(4): 122-130.

何静茹, 陆化杰, 陈炫好, 等. 2020. 冬春季西北印度洋鸢乌贼角质颚外部形态及生长特性. 应用生态学报, 31(8): 2775-2784.

贺芊菡, 孙翁杰, 刘必林, 等. 2020. 基于计算机视觉的头足类角质颚特征研究 I: 轮廓与特征点提取. 海洋与湖沼, 51(6): 1493-1500.

贺芊菡, 孙翁杰, 刘必林, 等. 2021. 基于计算机视觉的头足类角质颚特征研究 II: 形态学参数测量. 海洋与湖沼, 52(1): 252-259.

贺仁睦. 2000. 电力系统动态仿真准确度的探究. 电网技术, 24(12): 1-4.

胡飞飞, 陈新军, 刘必林. 2017. 头足类分类鉴定的研究进展. 海洋渔业, 39(1): 110-120.

胡贯宇, 陈新军. 2016. 基于神经网络模型的秘鲁外海茎柔鱼角质颚色素沉积的研究. 成都: 2016年中国水产学会学术年会.

胡贯宇, 陈新军, 方舟. 2016. 个体生长对秘鲁外海茎柔鱼角质颚形态变化的影响. 水产学报, 40(1): 36-44.

胡虎华, 曹路, 张逸然, 等. 2017. 基于计算机视觉的卵形鲳鲹眼部特征检测方法研究. 渔业现代化, 44(4): 15-23.

黄鹤, 梁祺策, 罗德安. 2021. 车道线检测中自适应图像预处理算法研究. 测绘科学, 46(9): 76-82.

黄红珍. 2003. 近似数简单运算的误差分析. 计量与测试技术, 30(1): 30-31.

火元莲, 李俞利. 2021. 基于多特征融合与极限学习机的植物叶片分类方法. 计算机工程与科学, 43(3): 486-493.

贾谊, 许建辉. 2013. 平面定机拍摄中镜头畸变对动作技术分析结果的影响及修正. 河北体育学院学报, 27(2): 83-87.

江艳娥, 陈作志, 林昭进. 2019. 南海海域鸢乌贼中型群与微型群渔业生物学比较. 水产学报, 43(2): 454-466.

靳明, 宋建中. 2004. 一种自适应的图像双边滤波方法. 光电工程, (7): 65-68.

冷烁, 胡振中. 2018. 基于BIM的人工智能方法综述. 图学学报, 39(5): 797-805.

黎柳, 谢晶. 2014. 水产品冰鲜技术的研究进展. 食品与机械, 30(1): 259-262, 266.

李苍柏, 肖克炎, 李楠, 等. 2020. 支持向量机、随机森林和人工神经网络机器学习算法在地球化学异常信息提取中的对比研究. 地球学报, 41(2): 309-319.

李大军, 何维龙, 郭丙轩, 等. 2019. 基于Mask-RCNN的建筑物目标检测算法. 测绘科学, 44(10): 172-180.

李画, 李明晶, 李凯, 等. 2020. Mask RCNN模型在路面缺陷检测中的应用. 科学技术创新, (29): 131-132.

李慧敏, 张之江. 2017. 基于模板迭代更新的图像配准算法. 电子测量技术, 40(10): 134-138.

李建华, 陈新军, 陈芃, 等. 2018. 赤道海域茎柔鱼角质颚形态及生长特征分析. 海洋渔业, 40(4): 385-393.

李可心, 戚大伟, 牟洪波. 2017. 基于灰度共生矩阵与SOM神经网络的树皮纹理特征识别. 森林工程, 33(3): 24-27.

李敏, 张鹏, 张俊, 等. 2019. 南海鸢乌贼的遗传差异: 种群分化还是种间分化. 中国水产科学, 26(1): 133-140.

李思亮, 陈新军, 刘必林, 等. 2010. 基于形态法的西北太平洋柔鱼种群结构研究. 中国海洋大学学报(自然科学版), 40(3): 43-48.

李晓莎, 林森. 2019. 基于Python+OpenCV的车牌识别技术的研究. 数字技术与应用, 37(6): 95-97.

李艳君, 黄康为, 项基. 2020. 基于立体视觉的动态鱼体尺寸测量. 农业工程学报, 36(21): 220-226.

李智峰, 朱谷昌, 董泰锋. 2011. 基于灰度共生矩阵的图像纹理特征地物分类应用. 地质与勘探, 47(3): 456-461.

梁广顺, 汪日伟, 温显斌. 2015. 基于双边滤波与非局部均值的图像去噪研究. 光电子·激光, 26(11): 2231-2235.

梁佳伟, 彭苗苗, 陈新军, 等. 2021. 北太平洋2种鱿鱼类角质颚生长特性及其种类判别. 上海海洋大学学报, 30(3): 546-554.

林光纪. 2012. 中国渔业大国发展方式转变与策略. 渔业信息与战略, 27(1): 7-11.

林静远, 刘必林, 陈新军. 2019a. 头足类角质颚微化学及其在渔业生态学中的应用研究进展. 大连海洋大学学报, 34(2): 280-287.

林静远, 刘必林, 桓梦瑶, 等. 2019b. 我国几种常见头足类角质颚碳氮稳定同位素分析. 上海海洋大学学报, 28(3): 394-401.

林静远, 刘必林, 金宵. 2020. 头足类角质颚的色素沉积机制. 水产学报, 44(5): 777-783.

林俊杰, 蒋新华, 胡蓉, 等. 2016. 基于Mean Shift的改进型图像滤波算法. 计算机工程, 42(1): 243-247.

林涛, 赵璨. 2019. 最近邻优化的K-means聚类算法. 计算机科学, 46(11A): 216-219.

刘必林, 陈新军. 2009. 头足类角质颚的研究进展. 水产学报, 33(1): 157-164.

刘必林, 陈新军. 2010. 印度洋西北海域鸢乌贼角质颚长度分析. 渔业科学进展, 31(1): 8-14.

刘必林, 陈新军, 方舟. 2014. 利用角质颚研究头足类的年龄与生长. 上海海洋大学学报, 23(6): 930-936.

刘必林, 陈新军, 方舟. 2015. 基于角质颚长度的头足类种类判别. 海洋与湖沼, 46(6): 1365-1372.

刘方园, 王水花, 张煜东. 2018. 支持向量机模型与应用综述. 计算机系统应用, 27(4): 1-9.

刘建康, 曹文宣. 1992. 长江流域的鱼类资源及其保护对策. 长江流域资源与环境, (1): 17-23.

刘凯, 汤国安, 陶旸, 等. 2012. 基于灰度共生矩阵的DEM地形纹理特征量化研究. 地球信息科学学报, 14(6): 751-760.

刘丽, 匡纲要. 2009. 图像纹理特征提取方法综述. 中国图象图形学报, 14(4): 622-635.

刘世晶, 涂雪滢, 田昌凤, 等. 2020. 基于机器视觉的吸鱼泵过量计数系统试验研究. 渔业现代化, 47(5): 45-51.

刘晓民. 2008. 纹理研究综述. 计算机应用研究, 25(8): 2284-2288.

刘晓娜, 封志明, 姜鲁光. 2013. 基于决策树分类的橡胶林地遥感识别. 农业工程学报, 29(24): 163-172, 365.

卢宏涛, 张秦川. 2016. 深度卷积神经网络在计算机视觉中的应用研究综述. 数据采集与处理, 31(1): 1-17.

陆化杰, 陈子越, 宁欣, 等. 2020a. 中国南海西沙群岛海域鸢乌贼角质颚色素沉积变化. 生态学杂志, 39(5): 1600-1608.

陆化杰, 王从军, 陈新军. 2014. 4-6月东太平洋赤道公海鸢乌贼生物学特性初步研究. 上海海洋大学学报, 23(4): 441-447.

陆化杰, 张旭, 童玉和, 等. 2020b. 中国南海西沙群岛海域鸢乌贼耳石微结构及生长特性. 水产学报, 44(5): 767-776.

路敦利, 宁芊, 臧军. 2017. 基于BP神经网络决策的KNN改进算法. 计算机应用, 37(S2): 65-67, 88.

吕毅, 倪云鹿, 商澎. 2013. 基于灰度共生矩阵的植物细胞微管骨架纹理分析. 中国细胞生物学学报, 35(5): 690-696.

马迪, 金岳, 陈芃, 等. 2018. 基于角质颚形态的东海2种常见乌贼类的种类判别. 上海海洋大学学报, 27(4): 594-602.

马金, 陈新军, 刘必林. 2011. 北太平洋柔鱼渔业生物学研究进展. 上海海洋大学学报, 20(4): 563-570.

马克勤, 杨延娇, 秦红武, 等. 2020. 结合最大最小距离和加权密度的K-means聚类算法. 计算机工程与应用, 56(16): 50-54.

马立富. 2005. 试析影响因子的精确性和模糊性. 淮北师范大学学报(自然科学版), 26(3): 73-75.

毛振宇, 李方利, 叶玉明, 等. 2019. 基于BP神经网络算法的电缆局部放电类型模式识别. 机电信息, (27): 20-22.

孟庆闻. 1982a. 7种鱼类仔鱼的形态观察. 水产学报, (1): 65-76.

孟庆闻. 1982b. 鱼和鱼的分类. 中国水产, (1): 31-32.

孟志超, 贺磊盈, 杜小强, 等. 2022. 基于Enhanced VGG16的油茶品种分类. 农业工程学报, 38(10): 176-181.

欧利国. 2020. 基于耳石形态信息的南海东沙海域鲹科鱼类识别. 上海: 上海海洋大学.

欧利国, 李汶龙, 刘必林, 等. 2022. 基于计算机视觉的3种金枪鱼属鱼类表型纹理特征分析. 中国水产科学, 29(5): 770-780.

欧利国, 力清影, 刘必林. 2021a. 中国南海东沙群岛海域7种鲹科鱼类矢耳石形态特征. 上海海洋大学学报, 30(1): 155-162.

欧利国, 刘必林. 2019. 南海东沙群岛海域圆鲹属鱼类矢耳石的形态特征分析. 南方水产科学, 15(3): 33-40.

欧利国, 刘必林. 2020. 基于地标点法的4种鲹科鱼类矢耳石形态分类. 大连海洋大学学报, 35(1): 114-120.

欧利国, 刘必林, 方舟. 2019. 基于椭圆傅里叶变换的鱼类矢耳石和听沟形态识别. 海洋渔业, 41(4): 385-396.

欧利国, 王冰妍, 刘必林, 等. 2021b. 基于计算机视觉的3种金枪鱼属鱼类形态指标自动测量研究. 海洋学报, 43(11): 105-115.

潘仁瑾. 1996. 单次测量值的检验采用格拉布斯准则检验论证. 宇航计测技术, 16(3): 12-14.

钱政, 王中宇, 刘桂礼. 2008. 测试误差分析与数据处理. 北京: 北京航空航天大学出版社: 46.

邱靖, 刘继荣, 曹志勇, 等. 2019. 基于卷积神经网络的水稻病害图像识别研究. 云南农业大学学报(自然科学), 34(5): 884-888.

瞿俊跃, 李建华, 陈芃, 等. 2018. 西非沿岸乌贼角质颚形态及生长特征. 渔业科学进展, 39(2): 164-170.

帅晓华. 2019. 基于计算机视觉的茶叶色泽检测研究. 农机化研究, 41(6): 209-213.

宋来军, 苏晓飞. 2011. 中西太平洋金枪鱼围网渔业及资源分析. 辽宁经济, 327(6): 83-85.

宋自根, 张佳彬, 覃学标, 等. 2021. 一种基于Mask-RCNN图像分割的头足类动物角质颚色素沉积量化方法. 渔业现代化, 48(5): 70-78.

孙炳全. 1998. 大学物理实验教学中不确定度的评定方法. 物理实验, 18(6): 26-27.

孙君顶, 马媛媛. 2010. 纹理特征研究综述. 计算机系统应用, 19(6): 245-250.

王超. 2010. 离散系数的一种改进方法. 统计与咨询, 13(3): 51-52.

王福斌, 潘兴辰, 孙志林. 2020. 飞秒激光烧蚀光斑轮廓提取及其链码描述研究. 中国测试, 46(4): 116-122.

王福斌, 潘兴辰, 王尚政, 等. 2019. 飞秒激光光斑轮廓的傅里叶描述子重建及特征提取. 激光与红外, 49(9): 1147-1152.

王竞雪, 宋伟东, 赵丽科, 等. 2014. 改进的Freeman链码在边缘跟踪及直线提取中的应用研究. 信号处理, 30(4): 422-430.

王磊. 2007. 支持向量机学习算法的若干问题研究. 西安: 西安电子科技大学.

王莉, 张紫烨, 郭晓东, 等. 2019. 基于粒子群优化BP神经网络的心电信号分类方法. 自动化与仪表, 34(9): 84-87.

王莉莉, 刘洪波, 陈德运, 等. 2018. 自适应与附加动量BP神经网络的ECT流型辨识. 哈尔滨理工大学学报, 23(1): 105-110.

王平, 李吉芳, 于小平. 2003. 精密度、准确度、精确度的分析. 广西物理, 24(3): 38-39.

王茜蒨, 彭中, 刘莉. 2003. 一种基于自适应阈值的图像分割算法. 北京理工大学学报, 23(4): 521-524.

王硕, 范良忠, 刘鹰. 2015. 基于计算机视觉的大菱鲆鱼苗计数方法研究. 渔业现代化, 42(1): 16-19.

王丝丝, 张敬磊, 陈慈, 等. 2018. 基于方差与改进群智能算法的K-means聚类优化. 系统科学与数学, 38(10): 1117-1127.

王同兴, 郭骏杰, 王强. 2010. 基于K均值动态聚类分析的土样识别. 建筑科学, 26(7): 52-56, 71.

王魏, 冯全, 杨梅. 2012. 基于灰度共生矩阵和分形的哈密瓜表皮网状纹理分析. 中国农业大学学报, 17(3): 138-142.

王文静, 徐建瑜, 吕志敏, 等. 2012. 基于机器视觉的水下鲆鲽鱼类质量估计. 农业工程学报, 28(16): 153-157.

王锡昌, 刘燕, 刘源. 2010. 大目金枪鱼块温盐盐水-冷藏库组合解冻工艺的优化. 农业工程学报, 26(7): 358-363.

王绪四, 杨恢先, 谢鹏鹤, 等. 2011. 基于二阶导数算子与小波变换的图像去噪. 计算机工程, 37(12): 187-189.

王奕文, 罗戎蕾, 康宇哲. 2020. 基于卷积神经网络的汉服关键尺寸自动测量. 纺织学报, 41(12): 124-129.

王振华, 曲念毅, 钟元芾, 等. 2020. 一种改进深度卷积神经网络的海岛识别方法. 上海海洋大学学报, 29(3): 474-480.

肖强明, 李培林, 王崴, 等. 2011. 基于分形和高斯滤波的维修件粗糙表面重构与基准提取. 机械设计与制造, (11): 253-255.

谢忠红, 郭小清, 程碧云, 等. 2016. 基于多特征的淡水鱼种类识别研究. 扬州大学学报(农业与生命科学版), 37(3): 71-77.

熊俊涛, 戴森鑫, 区炯洪, 等. 2020. 基于深度学习的大豆生长期叶片缺素症状检测方法. 农业机械学报, 51(1): 195-202.

徐杰, 刘尊雷, 李圣法, 等. 2016. 东海剑尖枪乌贼角质颚的外部形态及生长特性. 海洋渔业, 38(3): 245-253.

徐阳. 2019. 基于计算机视觉的桥梁结构局部损伤识别方法研究. 哈尔滨: 哈尔滨工业大学: 9-11.

许嘉锦. 2003. *Octopus*与*Cistpous*属章鱼口器地标点之几何形态学研究. 台北: 中山大学海洋生物研究所.

许巍, 陈新军, 刘必林, 等. 2020. 基于眼睛晶体核心微量元素的茎柔鱼地理种群判别. 水产学报, 44(6): 947-958.

许艳静, 朱建明, 丁庆洋, 等. 2019. 众包竞赛的离群点欺诈用户检测算法研究. 统计与信息论坛, 34(10): 20-26.

薛延学, 张二虎, 吴学毅. 2004. 基于计算机视觉的印刷包装品缺陷检测系统. 包装工程, 25(5): 185-187.

杨斌, 钟金英. 2016. 卷积神经网络的研究进展综述. 南华大学学报(自然科学版), 30(3): 66-72.

杨杰超, 许江淳, 陆万荣, 等. 2018. 基于计算机视觉的大黄鱼体尺测算与体质量估测. 中国农机化学报, 39(6): 66-70.

杨璟, 朱雷. 2010. 基于RGB颜色空间的彩色图像分割方法. 计算机与现代化, (8): 147-149, 171.

杨俊闯, 赵超. 2019. *K*-means聚类算法研究综述. 计算机工程与应用, 55(23): 7-14, 63.

叶斌, 雷燕. 2004. 关于BP网中隐含层层数及其节点数选取方法浅析. 商丘职业技术学院学报, 3(6): 52-53, 60.

叶振江, 张弛, 王英俊, 等. 2010. 中国天竺鲷属鱼类的矢耳石形态特征. 海洋学报(中文版), 32(5): 87-92.

余少雄. 2016. 实验室生化检测系统精密度评价. 国际检验医学杂志, 37(11): 1541-1542.

余心杰, 吴雄飞, 王建平, 等. 2014. 基于机器视觉的大黄鱼形态参数快速检测方法. 集成技术, 3(5): 45-51.

余章明, 张元, 廉飞宇, 等. 2009. 数字图像增强中灰度变换方法研究. 电子质量, (6): 18-20.

袁红春, 王�, 陈冠奇, 等. 2020. 基于LightGBM模型的鱼类异常行为检测. 渔业现代化, 47(1): 47-55.

袁曾任. 1999. 人工神经元网络及其应用. 北京: 清华大学出版社.

曾俊. 2020. 基于划分的数据挖掘*K*-means聚类算法分析. 现代电子技术, 43(3): 14-17.

赵爽, 俞永强, 苗玉彬, 等. 2024. 基于改进Mask R-CNN的青菜杂质检测研究. 中国农机化学报, 45(09): 77-82, 140.

张德丰. 2018. MATLAB R2017a人工智能算法. 北京: 电子工业出版社.

张杭文, 袁国良, 张云, 等. 2013. 基于数字图像处理的鱼卵计数的研究. 电子设计工程, 21(14): 190-193.

张红川. 2012. 电能质量测量准确度影响因素分析及实验研究. 保定: 华北电力大学.

张晶晶, 范学良, 蔡小舒. 2011. 计算Canny算子双阈值的新方法. 中国粉体技术, 17(1): 67-71.

张志强, 牛智有, 赵思明. 2011. 基于机器视觉技术的淡水鱼品种识别. 农业工程学报, 27(11): 388-392.

赵恒, 杨万海. 2003. 模糊K-modes聚类精确度分析. 计算机工程, 29(12): 27-29.

赵世峰, 何哲健. 2018. 基于OpenCV的复杂环境下图像二值化方法. 电子测量技术, 41(6): 55-59.

郑小东, 王加才, 刘维青. 2002. 华南沿海曼氏无针乌贼*Sepiella maindroni*表型变异研究. 青岛海洋大学学报, 32(5): 713-719.

钟伟镇, 刘鑫磊, 杨坤龙, 等. 2020. 基于Mask-RCNN的复杂背景下多目标叶片的分割和识别. 浙江农业学报, 32(11): 2059-2066.

周开利, 康耀红. 2005. 神经网络模型及其matlab仿真程序设计. 北京: 清华大学出版社.

周明昌. 2004. 检测与计量. 北京: 化学工业出版社: 53.

周政. 2008. BP神经网络的发展现状综述. 山西电子技术, (2): 90-92.

周志宇, 刘迎春, 张建新. 2008. 基于自适应Canny算子的柑橘边缘检测. 农业工程学报, 24(3): 21-24.

朱朝晖, 李涛. 2006. 测向定位技术准确度及误差校正. 信息技术, 15(8): 93-94, 99.

朱凯, 王雪辉, 张鹏, 等. 2016. 南海南部鸢乌贼中型群与微型群形态学差异及其判别分析. 热带海洋学报, 35(6): 82-88.

朱凯, 张立川, 肖楚源, 等. 2020. 南海鸢乌贼微型群雌性个体繁殖力研究. 渔业科学进展, 41(6): 140-148.

朱元鼎, 罗云林, 伍汉霖. 1963. 中国石首鱼类分类系统的研究和新属新种的叙述. 上海: 上海科技出版社.

朱元鼎, 郑文莲. 1958. 中国南海鲹科鱼类两个新种的叙述. 动物学报, (3): 316-321.

邹庆华, 张月雷. 2015. 计算机视觉技术应用. 信息通信, (12): 183-184.

左杰格, 柳晓鸣, 蔡兵. 2022. 基于图像分块与特征融合的户外图像天气识别. 计算机科学, 49(3): 197-203.

Al-Jubouri Q, Al-Nuaimy W, Al-Taee M, et al. 2017. Towards automated length-estimation of free-swimming fish using machine vision//2017 14th International Multi-Conference on Systems, Signals & Devices (SSD). IEEE: 469-474.

Almeida P R C, Monteiro-Neto C, Tubino R A, et al. 2020. Variações na forma do otólito sagitta de *Coryphaena hippurus* (Actinopterygii: Coryphaenidae) em uma área de ressurgência na costa sudoeste do Oceano Atlântico. Iheringia. Série Zoologia, 110: e2020019.

Almero V J D, Concepcion R S, Sybingco E, et al. 2020. An image classifier for underwater fish detection using classification tree-artificial neural network hybrid//2020 RIVF international conference on computing and communication technologies (RIVF). IEEE: 1-6.

Alsmadi M K. 2019. Hybrid genetic algorithm with tabu search with back-propagation algorithm for fish classification: determining the appropriate feature set. International Journal of Applied Engineering Research, 14(23): 4387-4396.

Alsmadi M K, Almarashdeh I. 2022. A survey on fish classification techniques. Journal of King Saud University-Computer and Information Sciences, 34(5): 1625-1638.

Alsmadi M K, Omar K B, Noah S A M. 2011. Fish classification based on robust features extraction from color signature using back-propagation classifier. Journal of Computer Science, 7(1): 52-58.

Álvarez-Ellacuría A, Palmer M, Catalán I A, et al. 2020. Image-based, unsupervised estimation of fish size from commercial landings using deep learning. ICES Journal of Marine Science, 77(4): 1330-1339.

An D, Hao J, Wei Y, et al. 2021. Application of computer vision in fish intelligent feeding system—A review. Aquaculture Research, 52(2): 423-437.

Andayani U, Wijaya A, Rahmat R F, et al. 2019. Fish species classification using probabilistic neural network. Journal of Physics: Conference Series, 1235(1): 012094.

Astuti S D, Tamimi M H, Pradhana A A S, et al. 2021. Gas sensor array to classify the chicken meat with *E. coli* contaminant by using random forest and support vector machine. Biosensors and Bioelectronics: X, 9: 100083.

Barulin N V. 2019. Using machine learning algorithms to analyse the scute structure and sex identification of sterlet *Acipenser ruthenus* (Acipenseridae). Aquaculture Research, 50(10): 2810-2825.

Bekkozhayeva D, Saberioon M, Cisar P. 2021. Automatic individual non-invasive photo-identification of fish (Sumatra barb *Puntigrus tetrazona*) using visible patterns on a body. Aquaculture International, 29: 1481-1493.

Bermejo S, Monegal B, Cabestany J. 2007. Fish age categorization from otolith images using multi-class support vector machines. Fisheries Research, 84(2): 247-253.

Borges T C. 1995. Discriminate analysis of geographic variation in hard structures of *Todarodes saguttatus* from North Atlantic Ocean. ICES Marine Science Symposium, (199): 433-440.

Brosnan T, Sun D W. 2002. Inspection and grading of agricultural and food products by computer vision systems—A review. Computers and Electronics in Agriculture, 36(2-3): 193-213.

Bui H M, Lech M, Cheng E, et al. 2016. Object recognition using deep convolutional features transformed by a recursive network structure. IEEE Access, 4: 10059-10066.

Burkill P H, Mantoura R F C, Owens N J P. 1993. Biogeochemical cycling in the northwestern Indian Ocean: A brief overview. Deepsea Research–II. Topical Studies in Oceanography, 40(3): 643-649.

Cai K, Miao X, Wang W, et al. 2020. A modified YOLOv3 model for fish detection based on MobileNetv1 as backbone. Aquacultural Engineering, 91: 102117.

Campana S E, Casselman J M. 1993. Stock discrimination using otolith shape analysis. Canadian Journal of Fisheries and Aquatic Sciences, 50(5): 1062-1083.

Canty S W J, Truelove N K, Preziosi R F, et al. 2018. Evaluating tools for the spatial management of fisheries. Journal of Applied Ecology, 55(6): 2997-3004.

Castro J J, Hernandez-garcia V. 1995. Ontogenetic changes in mouth structures, foraging behaviour and habitat use of *Scomber japonicus* and *Illex coindetii*. Scientia Marina, 59(3-4): 347-355.

Chapman L, Sharples P, Brogan D, et al. 2015. Marine species identification manual for horizontal longline fishermen. Noumea (New Caledonia) SPC/Western Pacific Regional Fishery Management Council: 1-152.

Chhabra H S, Srivastava A K, Nijhawan R. 2020. A Hybrid Deep Learning Approach for Automatic Fish Classification//Proceedings of ICETIT 2019: Emerging Trends in Information Technology. Cham: Springer: 427-436.

Clarke M R. 1962. The identification of cephalopod "beaks" and the relationship between beak size and total body weight. Bulletin of the British Museum (Natural History) Zoology, 8: 419-480.

Clarke M R. 1986. A Handbook for the Identification of Cephalopod Beaks. Oxford: Clarendon Press: 273-274.

Connolly R, Fairclough D, Jinks E, et al. 2021. Improved accuracy for automated counting of a fish in baited underwater videos for stock assessment. Frontiers in Marine Science, 8: 658135.

Cornejo R, Koppelmann R. 2006. Distribution patterns of mesopelagic fishes with special reference to *Vinciguerria lucetia* Garman 1899 (Phosichthyidae: Pisces) in the Humboldt Current Region off Peru. Marine Biology, 149: 1519-1537.

Cortes C, Vapnik V. 1995. Support-vector networks. Machine Learning, 20(3): 273-297.

Cover T. 1968. Estimation by the nearest neighbor rule. IEEE Transactions on Information Theory, 14(1): 50-55.

Cover T, Hart P. 1967. Nearest neighbor pattern classification. IEEE Transactions on Information Theory, 13(1): 21-27.

Cui Z, Wu J F, Yu H. 2018. A review of the application of computer vision technology in aquaculture. Marine Science Bulletin, 20(1): 53-66.

Cybenko G. 1989. Approximation by superpositions of a sigmoidal function. Mathematics of Control, Signals and Systems, 2(4): 303-314.

de Souza Corrêa G M, Coletto J L, Castello J P, et al. 2022. Identification of fish stock based on otolith as a natural marker: The case of *Katsuwonus pelamis* (Linnaeus, 1758) in the Southwest Atlantic Ocean. Fisheries Research, 255: 106436.

Deep B V, Dash R. 2019. Underwater fish species recognition using deep learning techniques//2019 6th International Conference on Signal Processing and Integrated Networks (SPIN). IEEE: 665-669.

Ditria E M, Connolly R M, Jinks E L, et al. 2021. Annotated video footage for automated identification and counting of fish in unconstrained seagrass habitats. Frontiers in Marine Science, 8: 160.

Dogan M, Taspinar Y S, Cinar I, et al. 2023. Dry bean cultivars classification using deep CNN features and salp swarm algorithm based extreme learning machine. Computers and Electronics in Agriculture, 204: 107575.

Elliott M, Whitfield A K, Potter I C, et al. 2007. The guild approach to categorizing estuarine fish assemblages: a global review. Fish and Fisheries, 8(3): 241-268.

Elsdon T S, Wells B K, Campana S E, et al. 2008. Otolith chemistry to describe movements and life-history parameters of fishes: hypotheses, assumptions, limitations and inferences//Oceanography and Marine Biology. CRC Press: 303-336.

Fernandes A F A, Turra E M, de Alvarenga É R, et al. 2020. Deep learning image segmentation for extraction of fish body measurements and prediction of body weight and carcass traits in *Nile tilapia*. Computers and Electronics in Agriculture, 170: 105274.

Floeter S R, Bender M G, Siqueira A C, et al. 2018. Phylogenetic perspectives on reef fish functional traits. Biological Reviews, 93(1): 131-151.

Fouad M M M, Zawbaa H M, El-Bendary N, et al. 2013. Automatic nile tilapia fish classification approach using machine learning techniques//13th International Conference on Hybrid Intelligent Systems (HIS 2013). IEEE: 173-178.

Freeman H. 1961. On the encoding of arbitrary geometric configurations. IRE Transactions on Electronic Computers, 10(2): 260-268.

Freeman H. 1974. Computer processing of line-drawing images. ACM Computing Surveys, 6(1): 57-97.

Freitas U, Gonçalves W N, Matsubara E T, et al. 2016. Using color for fish species classification. gibis. unifesp. br/sibgrapi16/eproceedings/wia/1. pdf (2020-01-28).

Friedland K D, Bachman M, Davies A, et al. 2021. Machine learning highlights the importance of primary and secondary production in determining habitat for marine fish and macroinvertebrates. Aquatic Conservation: Marine and Freshwater Ecosystems, 31(6): 1482-1498.

Gaude G S, Borkar S. 2019. Fish detection and tracking for turbid underwater video//2019 International Conference on Intelligent Computing and Control Systems (ICCS). IEEE: 326-331.

Girshick R. 2015. Fast R-CNN. 2015 IEEE International Conference on Computer Vision (ICCV). Santiago: IEEE Computer Society: 1440-1448.

Girshick R, Donahue J, Darrell T, et al. 2014. Rich feature hierarchies for accurate object detection and semantic segmentation. 2014 IEEE Conference on Computer Vision and Pattern Recognition. Columbus: IEEE Computer Society: 580-587.

Goatley C H R, Bellwood D R. 2009. Morphological structure in a reef fish assemblage. Coral Reefs, 28: 449-457.

González-Rufino E, Carrión P, Cernadas E, et al. 2013. Exhaustive comparison of colour texture features and classification methods to discriminate cells categories in histological images of fish ovary. Pattern Recognition, 46(9): 2391-2407.

Guerra A, Rodriguez-Navarro A B, Gonzalez Á F, et al. 2010. Life-history traits of the giant squid *Architeuthis dux* revealed from stable isotope signatures recorded in beaks. ICES Journal of Marine Science, 67(7): 1425-1431.

Hajjej G, Hattour A, Hajjej A, et al. 2011. Biometry, length-length and length-weight relationships of little tuna *Euthynnus alletteratus* in the Tunisian waters. Journal of Fisheries and Aquatic Science, 6(3): 256-263.

Han F, Zhu J, Liu B, et al. 2020. Fish shoals behavior detection based on convolutional neural network and spatiotemporal information. IEEE Access, 8: 126907-126926.

Haralick R M, Shanmugam K, Dinstein I H. 1973. Textural features for image classification. IEEE Transactions on Systems, Man, and Cybernetics, (6): 610-621.

Hardy R W, Lee C. 2010. Aquaculture feed and seafood quality. Bulletin of Fisheries Research and Development Agency, 31: 43-50.

Hatae K, Yoshimatsu F, Matsumoto J J. 1984. Discriminative characterization of different texture profiles of various cooked fish muscles. Journal of Food Science, 49(3): 721-726.

He K M, Gkioxari G, Dollár P, et al. 2017. Mask R-CNN. IEEE Transactions on Pattern Analysis & Machine Intelligence, 99(1): 1.

He K M, Zhang X, Ren S, et al. 2016. Deep residual learning for image recognition. IEEE Conference on Computer Vision & Pattern Recognition. IEEE Computer Society.

Herout A, Hradiš M, Zemčík P. 2012. EnMS: early non-maxima suppression-speeding up pattern localization and other tasks. Pattern Analysis and Applications, 15(2): 121-132.

Herpandi N H, Rosma A, Wan Nadiah W A. 2011. The tuna fishing industry: a new outlook on fish protein hydrolysates. Comprehensive Reviews in Food Science and Food Safety, 10(4): 195-207.

Hossain E, Alam S M S, Ali A A, et al. 2016. Fish activity tracking and species identification in underwater video//2016 5th International Conference on Informatics, Electronics and Vision (ICIEV). IEEE: 62-66.

Hsieh C L, Chang H Y, Chen F H, et al. 2011. A simple and effective digital imaging approach for tuna fish length measurement compatible with fishing operations. Computers & Electronics in Agriculture, 75(1): 44-51.

Hu J, Kawamuram H, Hongm H, et al. 2000. A review on the currents in the South China Sea: seasonal circulation, South China Sea warm current and Kuroshio Intrusion. Journal of Oceanography, 56: 607-624.

Hu J, Li D, Duan Q, et al. 2012. Fish species classification by color, texture and multi-class support vector machine using computer vision. Computers and Electronics in Agriculture, 88: 133-140.

Iqbal M A, Wang Z, Ali Z A, et al. 2021. Automatic fish species classification using deep convolutional neural networks. Wireless Personal Communications, 116(2): 1043-1053.

Islam M A, Howlader M R, Habiba U, et al. 2019. Indigenous fish classification of bangladesh using hybrid features with SVM classifier//2019 International Conference on Computer, Communication, Chemical, Materials and Electronic Engineering (IC-4ME2). IEEE: 1-4.

Islamadina R, Pramita N, Arnia F, et al. 2018. Estimating fish weight based on visual captured//2018 International Conference on Information and Communications Technology (ICOIACT). IEEE: 366-372.

Jackson G D, Buxton N G, George M J A. 1997. Beak length analysis of *Moroteuthis ingens* (Cephalopoda: Onychoteuthidae) from the Falkland Islands region of the Patagonian shelf. Journal of the Marine Biological Association of the United Kingdom, 77(4): 1235-1238.

Jongjaraunsuk R, Taparhudee W. 2021. Weight estimation of Asian sea bass (*Lates calcarifer*) comparing whole body with and without fins using computer vision technique. Walailak Journal of Science and Technology (WJST), 18(10): 9495.

Joo D, Kwan Y, Song J, et al. 2013. Identification of cichlid fishes from Lake Malawi using computer vision. PLoS One, 8(10): e77686.

Jordan H, Dyck W V, Smodic R. 2011. A co-processed contour tracing algorithm for a smart camera. Journal of Real-Time Image Processing, 6(1): 23-31.

Jose J A, Kumar C S, Sureshkumar S. 2020. Tuna classification using colour, structure, wavelet, and fuzzy based textural features//2020 IEEE International Conference for Innovation in Technology (INOCON). IEEE: 1-5.

Kartika D S Y, Herumurti D. 2016. Koi fish classification based on HSV color space//2016 International Conference on Information & Communication Technology and Systems (ICTS). IEEE: 96-100.

Khotimah W N, Arifin A Z, Yuniarti A, et al. 2015. Tuna fish classification using decision tree algorithm and image processing method//2015 International Conference on Computer, Control, Informatics and its Applications (IC3INA). IEEE: 126-131.

Krizhevsky A, Sutskever I, Hinton G E. 2012. ImageNet classification with deep convolutional neural networks. International Conference on Neural Information Processing Systems. Lake Tahoe: Curran Associates Inc.: 1097-1105.

Kubodera T, Furuhashi M. 1987. A manual for identification of myctophid fishes and squids in the stomach contents. Tokyo: Japanese Fisheries Agency (in Japanese).

Kuhl F P, Giardina C R. 1982. Elliptic fourier features of a closed contour. Computer Graphics & Image Processing, 18(3): 236-258.

Kutlu Y, Iscimen B, Turan C. 2017. Multi-stage fish classification system using morphometry. Fresenius Environmental Bulletin, 26(3): 1911-1917.

Le J, Xu L. 2017. An automated fish counting algorithm in aquaculture based on image processing//2016 International Forum on Mechanical, Control and Automation (IFMCA 2016). Atlantis Press: 358-366.

Levin A, Nadler B. 2011. Natural image denoising: optimality and inherent bounds. IEEE Conference on Computer Vision & Pattern Recognition: 2833-2840.

Liakos K G, Busato P, Moshou D, et al. 2018. Machine learning in agriculture: A review. Sensors, 18(8): 2674.

Liao Q, Wei C, Li Y, et al. 2021. Developing a machine vision system equipped with UV light to predict fish freshness based on fish-surface color. Food and Nutrition Sciences, 12(3): 239-248.

Lin T Y, Dollár P, Girshick R, et al. 2017. Feature pyramid networks for object detection. 2017 IEEE Conference on Computer Vision and Pattern Recognition (CVPR). Honolulu: IEEE Computer Society: 936-944.

Linda G. 2005. Shapiro, George C. Stockman. Computer Vision. 北京: 机械工业出版社.

Liu B L, Chen X J, Wang X H, et al. 2019. Geographic, intraspecific and sexual variation in beak morphology of purpleback flying squid (*Sthenoteuthis oualaniensis*) throughout its distribution range. Marine and Freshwater Research, 70(3): 417-425.

Liu B L, Chen X J, Yi Q. 2013. A comparison of fishery biology of jumbo flying squid, *Dosidicus gigas* outside three Exclusive Economic Zones in the Eastern Pacific Ocean. Chinese Journal of Oceanology and Limnology, 31(3): 523-533.

Liu B L, Fang Z, Chen X J, et al. 2015a. Spatial variations in beak structure to identify potentially geographic populations of *Dosid-*

icus gigas in the Eastern Pacific Ocean. Fisheries Research, 164: 185-192.

Liu W, Anguelov D, Erhan D, et al. 2015b. SSD: single shot multiBox detector. Computer Vision, 9905: 21-37.

Lumauag R, Nava M. 2018. Fish tracking and counting using image processing//2018 IEEE 10th International Conference on Humanoid, Nanotechnology, Information Technology, Communication and Control, Environment and Management (HNICEM). IEEE: 1-4.

Madigan D J, Baumann Z, Carlisle A B, et al. 2014. Reconstructing transoceanic migration patterns of Pacific bluefin tuna using a chemical tracer toolbox. Ecology, 95(6): 1674-1683.

Mallory T G. 2013. China's distant water fishing industry: evolving policies and implications. Marine Policy, 38: 99-108.

Martinez-de Dios J R, Serna C, Ollero A. 2003. Computer vision and robotics techniques in fish farms. Robotica, 21(3): 233.

McCluney J K, Anderson C M, Anderson J L. 2019. The fishery performance indicators for global tuna fisheries. Nature Communications, 10(1): 1-9.

Mchorney C A, Ware J E, Rogers W, et al. 1992. The validity and relative precision of MOS short-, and long- form health status scales and Dartmouth COOP charts: results from the Medical Outcomes Study. Medical Care, 30(1): MS253-MS265.

Mei J, Hwang J N, Romain S, et al. 2021. Video-based hierarchical species classification for longline fishing monitoring//International Conference on Pattern Recognition. Cham: Springer International Publishing: 422-433.

Merino G, Barange M, Blanchard J L, et al. 2012. Can marine fisheries and aquaculture meet fish demand from a growing human population in a changing climate? Global Environmental Change, 22(4): 795-806.

Merten V, Christiansen B, Javidpour J, et al. 2017. Diet and stable isotope analyses reveal the feeding ecology of the orangeback squid *Sthenoteuthis pteropus* (Steenstrup 1855) (Mollusca, Ommastrephidae) in the eastern tropical Atlantic. PLoS One, 12(12): e0189691.

Moen E, Handegard N O, Allken V, et al. 2018. Automatic interpretation of otoliths using deep learning. PLoS One, 13(12): e0204713.

Morris C W, Autret A, Boddy L. 2001. Support vector machines for identifying organisms—a comparison with strongly partitioned radial basis function networks. Ecological Modelling, 146(1-3): 57-67.

Muhathir M, Wanti E P, Pariyandani A, et al. 2021. Utilization of SVM method and extraction of GLCM features in classifying fish images with formalin. Scientific Journal of Informatics, 8(1): 168-175.

Muñoz-Benavent P, Andreu-García G, Valiente-González J M, et al. 2018. Automatic Bluefin Tuna sizing using a stereoscopic vision system. ICES Journal of Marine Science, 75(1): 390-401.

Neige P, Dommergues J L. 2002. Disparity of beaks and statoliths of some Coleoids: a morphometric approach to depict shape differentiation. Abhandlungen der Geologischen Bundesanstalt, 57(5): 393-399.

Nguyen T T T, Armitage G. 2008. A survey of techniques for internet traffic classification using machine learning. IEEE communications surveys & tutorials, 10(4): 56-76.

Ogunlana S O, Olabode O, Oluwadare S A A, et al. 2015. Fish classification using support vector machine. African Journal of Computing & ICT, 8(2): 75-82.

Ordonez A, Eikvil L, Salberg A B, et al. 2020. Explaining decisions of deep neural networks used for fish age prediction. PLoS One, 15(6): e0235013.

Osborne F E, Olds A D, Schlacher T A, et al. 2021. Human modifications to estuaries correlate with the morphology and functional roles of coastal fish. Marine Environmental Research, 170: 105443.

Politikos D V, Petasis G, Chatzispyrou A, et al. 2021. Automating fish age estimation combining otolith images and deep learning: the role of multitask learning. Fisheries Research, 242: 106033.

Pornpanomchai C, Lurstwut B, Leerasakultham P, et al. 2013. Shape-and texture-based fish image recognition system. Agriculture and Natural Resources, 47(4): 624-634.

Quinlan J R. 1986. Induction of decision trees. Machine Learning, 1(1): 81-106.

Rahayu S R, Muchlisin Z A, Fadli N, et al. 2023. Morphometric and genetic variations of two dominant species of snappers (Lutjanidae) harvested from the Northern Coast of Aceh waters, Indonesia. Zoologischer Anzeiger, 303: 23-26.

Rahmanian M, Bertini C, Berhan T, et al. 2014. A report by The High Level Panel of Experts on food security and nutrition, June 2013. HLPE Steering Committee Members (June 2013).

Redmon J, Divvala S, Girshick R, et al. 2016. You only look once: unified, real-time object detection. 2016 IEEE Conference on Computer Vision and Pattern Recognition (CVPR). Las Vegas: IEEE Computer Society: 779-788.

Ren L, Tian Y, Yang X, et al. 2023. Rapid identification of fish species by laser-induced breakdown spectroscopy and Raman spectroscopy coupled with machine learning methods. Food Chemistry, 400: 134043.

Ren S, He K M, Girshick R, et al. 2015. Faster R-CNN: towards real-time object detection with region proposal networks. IEEE

Transactions on Pattern Analysis & Machine Intelligence, 39(6): 1137-1149.

Rifaldi M H G, Setiawan E B. 2019. Competence classification of twitter users using support vector machine (SVM) Method//2019 7th International Conference on Information and Communication Technology (ICoICT). IEEE: 1-6.

Saputra W A, Herumurti D. 2016. Integration GLCM and geometric feature extraction of region of interest for classifying tuna//2016 International Conference on Information & Communication Technology and Systems (ICTS). IEEE: 75-79.

Sarker I H. 2021. Machine learning: algorithms, real-world applications and research directions. SN Computer Science, 2(3): 1-21.

Shevchenko V, Eerola T, Kaarna A. 2018. Fish detection from low visibility underwater videos//2018 24th International Conference on Pattern Recognition (ICPR). IEEE: 1971-1976.

Siddiqui S A, Salman A, Malik M I, et al. 2018. Automatic fish species classification in underwater videos: exploiting pre-trained deep neural network models to compensate for limited labelled data. ICES Journal of Marine Science, 75(1): 374-389.

Spampinato C, Chen-Burger Y H, Nadarajan G, et al. 2008. Detecting, Tracking and Counting Fish in Low Quality Unconstrained Underwater Videos. International Conference on Computer Vision Theory and Applications. SciTePress, 2: 514-519.

Strachan N J C. 1994. Sea trials of a computer vision based fish species sorting and size grading machine. Mechatronics, 4(8): 773-783.

Tamou A B, Benzinou A, Nasreddine K, et al. 2018. Underwater live fish recognition by deep learning//Image and Signal Processing: 8th International Conference, ICISP 2018, Cherbourg, France, July 2-4, Proceedings 8. Springer International Publishing: 275-283.

Tharwat A, Hemedan A A, Hassanien A E, et al. 2018. A biometric-based model for fish species classification. Fisheries Research, 204: 324-336.

Tičina V, Grubišić L, Šegvić Bubić T, et al. 2011. Biometric characteristics of small Atlantic bluefin tuna (*Thunnus thynnus*, Linnaeus, 1758) of Mediterranean Sea origin. Journal of Applied Ichthyology, 27(4): 971-976.

Unsworth R K F, Cullen L C. 2010. Recognising the necessity for Indo - Pacific seagrass conservation. Conservation Letters, 3(2): 63-73.

Weston J, Watkins C. 1998. Multi-class support vector machines. Technical Report CSD-TR-98-04, Department of Computer Science, Royal Holloway, University of London, May.

Whitfield A K, Elliott M. 2002. Fishes as indicators of environmental and ecological changes within estuaries: a review of progress and some suggestions for the future. Journal of Fish Biology, 61: 229-250.

Wishkerman A, Boglino A, Darias M J, et al. 2016. Image analysis-based classification of pigmentation patterns in fish: a case study of pseudo-albinism in Senegalese sole. Aquaculture, 464: 303-308.

Wodecki A. 2019. Artificial intelligence methods and techniques//Artificial Intelligence in Value Creation. Palgrave Macmillan, Cham: 71-132.

Wolff G A. 1984. Identification and estimation of size from the beaks of 18 species of cephalopods from the Pacific Ocean. NOAA/National Marine Fisheries Service.

Woodman R J, Playford D A, Watts G F, et al. 2001. Improved analysis of brachial artery ultrasound using a novel edge-detection software system. Journal of Applied Physiology, 91(2): 929-937.

Xu X, Li W, Duan Q. 2021. Transfer learning and SE-ResNet152 networks-based for small-scale unbalanced fish species identification. Computers and Electronics in Agriculture, 180: 105878.

Yang L, Liu Y, Yu H, et al. 2021. Computer vision models in intelligent aquaculture with emphasis on fish detection and behavior analysis: a review. Archives of Computational Methods in Engineering, 28(4): 2785-2816.

Yoon Y J, Cho S, Kim S, et al. 2020. An artificial intelligence method for the prediction of near-and off-shore fish catch using satellite and numerical model data. Korean Journal of Remote Sensing, 36(1): 41-53.

Yu J, Han Q. 2021. Exploring the management policy of distant water fisheries in China: evolution, challenges and prospects. Fisheries Research, 236: 105849.

Zhang B, Xie F, Han F. 2019. Fish population status detection based on deep learning system//2019 IEEE International Conference on Mechatronics and Automation (ICMA). IEEE: 81-85.

Zhang L, Wang J, Duan Q. 2020. Estimation for fish mass using image analysis and neural network. Computers and Electronics in Agriculture, 173: 105439.

Zhang Z. 2018. Artificial neural network//Multivariate Time Series Analysis in Climate and Environmental Research. Cham: Springer: 1-35.

Zhao S, Zhang S, Liu J, et al. 2021. Application of machine learning in intelligent fish aquaculture: a review. Aquaculture, 540: 736724.

Zhou C, Lin K, Xu D, et al. 2018. Near infrared computer vision and neuro-fuzzy model-based feeding decision system for fish in aquaculture. Computers and Electronics in Agriculture, 146: 114-124.

Zhou C, Xu D, Chen L, et al. 2019. Evaluation of fish feeding intensity in aquaculture using a convolutional neural network and machine vision. Aquaculture, 507: 457-465.

Zhu H, Yang L, Fei J, et al. 2021. Recognition of carrot appearance quality based on deep feature and support vector machine. Computers and Electronics in Agriculture, 186: 106185.

Zhu Y, Weiyi X U, Luo G, et al. 2020. Random Forest enhancement using improved Artificial Fish Swarm for the medial knee contact force prediction. Artificial Intelligence in Medicine, 103: 101811.

Zion B, Shklyar A, Karplus I. 1999. Sorting fish by computer vision. Computers and Electronics in Agriculture, 23(3): 175-187.